CREAR PLUSVALÍA PARA LOS CLIENTES.

CREAR PLUSVALÍA PARA LOS CLIENTES

Por: D.K. Hawkins
Versión 1.1 ~Noviembre 2022
Publicado por D.K. Hawkins en KDP
Copyright ©2022 por D.K. Hawkins. Todos los derechos reservados.

Ninguna parte de esta publicación puede ser reproducida, distribuida o transmitida en cualquier forma o por cualquier medio, incluyendo fotocopias, grabaciones u otros métodos electrónicos o mecánicos, o por cualquier sistema de almacenamiento o recuperación de información, sin el permiso previo por escrito de los editores, excepto en el caso de citas muy breves incorporadas en reseñas críticas y algunos otros usos no comerciales permitidos por la ley de derechos de autor.

Quedan reservados todos los derechos, incluido el de reproducción total o parcial en cualquier formato.

Toda la información contenida en este libro se ha investigado cuidadosamente y se ha comprobado su exactitud. Sin embargo, el autor y el editor no garantizan, expresa o implícitamente, que la información contenida en este libro sea apropiada para cada individuo, situación o propósito y no asumen ninguna responsabilidad por errores u omisiones.

El lector asume el riesgo y la plena responsabilidad de todas sus acciones. El autor no será responsable de ninguna pérdida o daño, ya sea consecuente, incidental, especial o de otro tipo, que pueda resultar de la información presentada en este libro.

Todas las imágenes son de uso gratuito o han sido adquiridas en sitios de fotografías de stock o libres de derechos para su uso comercial. Para la elaboración de este libro me he basado en mis propias observaciones y en muchas fuentes diferentes, y he hecho todo lo posible por comprobar los hechos y dar el crédito que corresponde. En caso de que se utilice algún material sin la debida autorización, le ruego que se ponga en contacto conmigo para corregir el descuido.

La información proporcionada en este libro tiene únicamente fines informativos y no pretende ser una fuente de asesoramiento o análisis crediticio con respecto al material presentado. La información y/o los documentos contenidos en este libro no constituyen un asesoramiento legal o financiero y nunca deben utilizarse sin consultar primero con un profesional financiero para determinar qué puede ser lo mejor para sus necesidades individuales.

El editor y el autor no ofrecen ninguna garantía ni promesa sobre los resultados que puedan obtenerse al utilizar el contenido de este libro. Nunca debe tomar ninguna decisión de inversión sin consultar primero con su propio asesor financiero y realizar su propia investigación y diligencia debida. En la medida en que lo permita la ley, el editor y el autor renuncian a toda responsabilidad en caso de que la información, los comentarios, los análisis, las opiniones, los consejos y/o las recomendaciones contenidas en este libro resulten ser inexactos, incompletos o poco fiables o den lugar a pérdidas de inversión o de otro tipo.

El contenido de este libro no pretende constituir ni constituye un asesoramiento jurídico o de inversión, y no se establece ninguna relación abogado-cliente. El editor y el autor proporcionan este libro y su contenido "tal cual". El uso que usted haga de la información contenida en este libro es por su cuenta y riesgo.

ÍNDICE DE CONTENIDOS.

ÍNDICE DE CONTENIDOS. 4
INTRODUCCIÓN. 6
CAPÍTULO 1: ENTENDER EL VALOR. 10
CAPÍTULO 2: CREAR VALOR PARA SU CLIENTE. 27
CAPÍTULO 3: IMPORTANCIA DE LA CREACIÓN DE VALOR. 33
CAPÍTULO 4: ESTRUCTURA DE CREACIÓN DE VALOR. 41
CAPÍTULO 5: EVALUACIÓN DE LA CREACIÓN DE VALOR. 50
CAPÍTULO 6: VALOR DE LAS VENTAS Y CÓMO AFECTA A SU PRODUCTO. 62
CAPÍTULO 7: CREAR OFERTAS IRRESISTIBLES QUE PROVOQUEN UNA ACCIÓN INMEDIATA ES UN VALOR AÑADIDO. 67
CAPÍTULO 8: CÓMO HACER UN SEGUIMIENTO DEL VALOR DEL CLIENTE A LO LARGO DEL TIEMPO. 73
CAPÍTULO 9: PROPUESTAS DE VENTA ÚNICAS PARA SU EMPRESA EN TIEMPOS DIFÍCILES. 83
CAPÍTULO 10: CÓMO AUMENTAR LA PERCEPCIÓN DE SU VALOR POR PARTE DE LOS CLIENTES. 93
CAPÍTULO 11: PROMOVER EL "BAJO PRECIO" PERO EL "VALOR" ES ESENCIAL PARA EL ÉXITO. 100
CAPÍTULO 12: CÓMO UN SITIO WEB PUEDE AUMENTAR EL VALOR DE UNA EMPRESA. 107

CAPÍTULO 13: ESTRATEGIA Y ORIENTACIÓN AL CLIENTE.........112

CAPÍTULO 14: FORMAS DE MEJORAR LA EXPERIENCIA DE SUS CLIENTES. 119

CAPÍTULO 15: CONSEJOS PARA AÑADIR VALOR A SUS CLIENTES. 125

CONCLUSIÓN. 131

INTRODUCCIÓN.

Los clientes son algo que nunca debe perderse al hacer negocios. Sin ellos, no habría empresa. Hay que hacer todo lo posible para establecer y mantener una relación agradable con ellos.

Se pueden hacer muchas cosas para que esto sea una realidad, pero también se pueden hacer muchas cosas para conseguir el mismo resultado. Entre todas estas cuestiones, la plusvalía es la más importante.

Uno de los peores errores que comete el 99% de las empresas es permitir que los prospectos y los clientes vayan y vengan sin considerar lo valiosos que son para la seguridad futura de la empresa. Antes de obtener esta respuesta, debe determinar el valor de su cliente.

Cada cliente comprará. ¿Con qué frecuencia durante el año? ¿Durante cuánto tiempo? Si no calcula estas cifras, no tiene negocio ya que carece de un activo importante. Su negocio carece de valor. Puede tener flujo de caja, y puedes tener algo de dinero, pero es principalmente una inversión a corto plazo.

Siempre debes tener en cuenta lo que puedes hacer por tus clientes. Si posees alguna avaricia, debe ser en favor de tu consumidor. Desea combatir la avaricia de sus clientes.

¿Qué ventajas y beneficios puede añadir a su producto o servicio para hacerlo irresistible?

Saca un papel y escribe las palabras: "Puedo ofrecer a mis clientes" y "Puedo proporcionar a mis clientes más o menos de qué". Puedo ofrecer a mis clientes más o menos de qué? Puedo ofrecer a mis clientes un mayor qué? Puedo proporcionar a mis clientes menos o más de qué?". Todo lo que pueda concebir para ofrecer a sus clientes.

A continuación, compare sus talentos y capacidades actuales con las otras ventajas y características enumeradas y calcule lo que puede costar suministrar estos servicios. Incluya las nuevas características y beneficios, el coste adicional y un desglose de los componentes del coste. Por ejemplo, el coste del producto, el envío, el cumplimiento, la mano de obra, el inventario y el almacenamiento. Todos estos factores se tienen en cuenta al realizar un ejercicio de esta naturaleza.

Si usted opera un negocio basado en servicios, exprese el otro coste en relación con el tiempo requerido para entregar la característica o beneficio añadido. Este tiempo adicional debe compararse con el tiempo dedicado a trabajar para otra persona, ocho horas al día, cinco días a la semana, frente al tiempo dedicado a estudiar cómo producir dinero en su negocio.

Puede trabajar de forma más inteligente si comprende cómo hacer que su dinero trabaje más para usted que su producto o servicio. Puede lograr mucho más con menos esfuerzo.

Si trata a todo el mundo como un VIP, ellos construirán su negocio para usted. Le dedicará el tiempo y el servicio necesarios para mantener una buena relación con los clientes. Del mismo modo, puede dedicar menos tiempo a la adquisición de nuevos clientes con una empresa de servicios si trata a sus clientes actuales de forma diferente.

Recuerde que, aunque el marketing se realice para el público, sus clientes se concentrarán en una cosa a la vez. Aunque esté comercializando para todo el mercado, debe tratar a sus clientes como individuos únicos.

CAPÍTULO 1: ENTENDER EL VALOR.

¿Qué es el valor?

La rentabilidad es la diferencia entre tus costes y el precio que recibes en el mercado por cualquier cosa. La rentabilidad depende del valor. Entender el valor puede proporcionar una gran cantidad de información sobre cómo aumentar los beneficios en cualquier empresa. Un método útil para considerarlo es:

Precio - Coste = Beneficio.

Esto implica que los grandes beneficios son siempre el resultado de un profundo conocimiento de los gastos y la fijación de precios, aunque esto puede ser bastante más difícil de lo que parece.

El beneficio puede verse de otra manera, pero es esencial comprender el papel del beneficio en la sociedad capitalista para entender el concepto en su totalidad. En un mercado libre, el objetivo del beneficio es atraer a las personas y al capital hacia actividades que beneficien a otros. Esto sugiere que la mayoría de las organizaciones que se preocupan por la rentabilidad se enfrentan probablemente a una de las siguientes cuestiones:

1) Cálculo de costes.

2) Conseguir clientes.

3) Controlar los costes.

4) Producir valor.

Muchos empresarios se obsesionan con el concepto de control de costes, que recibe mucha más atención de la que merece. En la mayoría de los sectores, el coste no es la consideración más esencial en la elección de compra del cliente, a pesar de su importancia. La gente tiende a centrarse en la reducción de costes porque es algo sencillo. Este es el enfoque incorrecto si se quiere generar enormes riquezas.

La clave de los beneficios astronómicos.

Como puede haber predicho de la frase anterior, los beneficios insanos son sólo el resultado de proporcionar un inmenso valor a un grupo de consumidores ricos. Además, ese último punto relativo al gasto de dinero es esencial.

Conozco personas que han construido ambiciosos planes de negocio para clientes con poca o ninguna renta disponible, fracasando por falta de fondos. Recuerde lo que dijo Willie Sutton cuando le preguntaron por qué los ladrones de bancos cometen delitos:

Ya que ahí es donde está el dinero.

La creación de valor puede ser sencilla, o puede ser un reto. Muchas personas son capaces de crear valor de forma sencilla. Sin embargo, muy pocas se dedican a la creación de valor desafiante o intrincada.

Ganará más dinero si sabe cómo cobrar por las tareas desafiantes. Esto es importante, ya que debe entender las implicaciones de la competencia. Considere lo siguiente:

¿Cuál es el valor de un vaso de agua?

Un vaso de agua no es tan valioso para usted si está sentado en casa o en su lugar de trabajo. Tal vez una moneda de cinco centavos en el exterior. ¿Por qué? Porque puedes acercarte fácilmente a un grifo y llenar un vaso de agua por menos de cinco centavos sin necesidad de dedicar mucho tiempo o tener un amplio conocimiento del agua.

Si estuviera junto a ti con el único vaso de agua en 100 millas, estimarías mucho más esa bebida. Considere, por otro lado, el valor de esa agua si se viera envuelto en un accidente de avión en el desierto. La alternativa no existiría, pero la demanda de agua sí. Esto nos lleva a un concepto esencial sobre el valor:

Sus alternativas accesibles definen el valor.

En otras palabras, si existe una alternativa fácilmente accesible a un producto o servicio, la mayoría de los compradores lo valorarán de forma similar. Esta es una de las razones por las que los bancos y las compañías aéreas suelen ofrecer tipos de interés y billetes bastante similares. ¿Por qué pagar más por uno de ellos si no hay una diferencia discernible entre las opciones?

Aquí es donde entra en escena la competencia.

Cuando se hace algo sencillo que genera valor, un rival puede hacer lo mismo e incluso puede hacerlo por un céntimo menos para adquirir al consumidor. Casi siempre, la disposición de los rivales a reducir los precios está limitada por sus costes. Esto significa que la mayoría de sus competidores reducirán sus tarifas hasta el punto de perder dinero en la transacción para robarle clientes.

Por supuesto, si se mira desde otra perspectiva, están sacrificando ganancias por clientes. Aun así, la mayoría de los competidores del sector lo harán, creyendo que el volumen de ventas compensará la pérdida. Piense en un puesto de limonada para comprender la realidad de esta cuestión.

Supongamos que tiene un puesto de limonada y que su coste por vaso de limonada es de 20 céntimos debido al uso de la mezcla de limonada, los vasos y otros suministros. Usted decide poner un precio de 50 céntimos al vaso de su deliciosa limonada, lo que da lugar al siguiente escenario de beneficios:

Precio=0,50$ - Coste=0,20$.

Beneficio=0,30$.

Para determinar el beneficio total de un negocio con múltiples ventas, debemos sumar los ingresos y los gastos de cada transacción. Un método útil para considerar esto:

Ventas=Unidades X Precio.

La "unidad" para la limonada es un vaso de limonada, así que

Ventas = Vasos de limonada X Precio.

Supongamos que 100 clientes compran limonada diariamente en este barrio. Sí, el barrio de mi infancia nunca fue tan bueno, pero estamos fingiendo, así que tened paciencia. El resultado es el siguiente cuadro de beneficios global:

Ventas=50,00 dólares - Coste=20,00 dólares.

Beneficio=30,00 dólares.

Supongamos que un día, Egbert pone un puesto al lado del suyo. Imaginemos que ambos van a la tienda de la esquina a por la mezcla de limonada, que cuesta aproximadamente 20 céntimos por ración y tiene idénticos costes. Cuando pone en marcha su puesto de limonada, su potencial de beneficios puede ser el siguiente:

Precio=0,50$ - Coste=0,20$.

Beneficio=0,30$.

Egbert es un rival desagradable por naturaleza y no soporta el concepto de que usted reciba dinero. Por ello, Egbert opta por robarte los clientes reduciendo sus precios. Los clientes, siendo como son, se cambiarán ocasionalmente a una alternativa de menor precio, aunque otros no lo harán. Supongamos que Egbert está satisfecho con este cuadro de beneficios.

Precio=0,40$ - Coste=0,20$.

Beneficio=0,20$.

Esto hará que, casi con toda seguridad, pierdan consumidores frente a Egbert. ¿Quién podría culparles? El comprador recibe la misma limonada por 10 céntimos menos: ¡qué negocio! Ahora viene la parte difícil: algunos clientes no cambiarán y seguirán comprándole a usted.

¿Por qué? He renunciado a intentar comprenderlo, pero es totalmente cierto. Si se les da la opción, algunas personas seguirán pagando más que el precio más bajo disponible. Tal vez sus ojos les atraen, o no están dispuestos a dar los cinco pasos adicionales para llegar al stand de Egbert.

¿Por qué molestarse? Usted retiene a estos clientes a pesar de cobrar un precio más alto. Suena bien, ¿verdad? Pues sí. En igualdad de condiciones, la mayoría de los clientes comprarán a Egbert, digamos que 80 de ellos. Usted retiene a 20 clientes gracias a su carisma, sus divertidas bromas de venta y su buena ubicación. El resultado es el siguiente cuadro de beneficios global:

Ventas=10,00 dólares - Coste=4,00 dólares.

Beneficio=6,00 dólares.

Mientras que el panorama general de beneficios de Egbert parece ser el siguiente:

Ventas=32,00 dólares -Coste=16,00 dólares.

Beneficio=16,00 dólares.

Egbert gana más dinero que tú. Como el mal nunca triunfa, usted desea recuperar algunos de esos clientes. Redujo su precio a 0,40 dólares para igualar el de Egbert. ¿Qué ocurre? Es probable que Egbert y usted se repartan el mercado a partes iguales, con 50 clientes cada uno. Esto os deja a ambos con el siguiente cuadro de beneficios:

Ventas=20,00$ -Coste=10,00$.

Beneficio=10,00$.

Considera lo que ha ocurrido aquí. Cuando empezaste a vender limonada, ganabas 30 dólares cada día. Llegó Egbert y redujo tus ganancias diarias a 6 dólares, por lo que pudo ganar 16 dólares cada día, y como resultado de igualar su precio, acabaste ganando 10 dólares cada día.

En este ejemplo, el beneficio total obtenido por TODOS los vendedores de limonada de su vecindario disminuyó de 30,00 dólares (cuando usted era el único que vendía) a 22,00 dólares (después de que Egbert entrara en el mercado y bajara el precio) a

20,00 dólares (cuando ambos tenían el mismo precio y obtenían el mismo beneficio). La limonada y los consumidores siguieron siendo los mismos, así que lo que consumió el beneficio?

Los beneficios se ven mermados por la competencia.

A. Desarrollar el valor.

La creación de valor es uno de los aspectos más importantes de la rentabilidad. Si usted visita una tienda de comestibles y compra un artículo (como una caja de golosinas para perros), no podrá pararse fuera de la tienda y revender el artículo a un precio más alto.

Esto se debe a que la caja de golosinas para perros que se vende fuera del negocio no es mucho más o menos valiosa que la misma caja que se ofrece dentro. Usted compite con la tienda vendiendo cosas idénticas en una zona vecina. Pero, fundamentalmente, no has creado ningún valor.

Tu caja de golosinas para perros tiene el mismo valor para el cliente que la de la tienda. La mayoría de los clientes sólo pagarán más por sus golosinas para perros que lo que pagarían en una tienda si usted les proporciona otro valor. He aquí algunas cosas que podrían mejorar el valor de sus golosinas para perros:

Las saca del envase y se las da al perro.

Las mejora añadiendo azúcar.

Las colocas en una caja que sea más atractiva.

Los clientes se sienten bien al comprarte.

Abrazas al comprador por haberte comprado.

Usted actúa mientras vende golosinas para perros.

Espero que entiendas el concepto. Puede añadir valor mejorando el producto, cambiando el envoltorio o haciendo cualquier otra cosa que mejore la experiencia de compra del cliente; es posible que no tenga mucho valor, quizá sólo uno o dos céntimos por cada golosina. Sin embargo, si vende suficientes golosinas, esto puede sumar, y sin duda tendrá una mayor capacidad de obtener beneficios de sus productos que sus competidores.

B. Lograr la singularidad.

La circunstancia de la competencia con Egbert de la que hablamos no es tan infrecuente. A menos que hagas algo que los competidores no puedan replicar, tendrás competencia, aunque no sea especialmente fuerte.

¿Cómo hacer que su cuadro de beneficios parezca que no tiene competidores?

La idea es descubrir un método para ser distintivo. De forma idealista, quiere encontrar una singularidad que algunos de sus clientes encuentren importante. Sin embargo, incluso la simple extrañeza y la rareza pueden contar para algo: basta con examinar el éxito de Ben & Jerry's y del Rainforest Café.

En un mundo de vainilla, el chocolate tendrá un precio superior. Sin embargo, recuerde que si su singularidad tiene éxito y genera una empresa rentable, es probable que sus competidores intenten imitarla tarde o temprano.

La singularidad proporciona una ventaja competitiva, que se puede mantener haciendo que sea extremadamente difícil que los competidores le imiten. Hay muchas formas de conseguirlo. Los competidores fracasarán en su intento de imitación si se da una de las siguientes circunstancias:

1. No pueden copiar su originalidad.

2. Optan por no copiar tu singularidad.

3. No pueden duplicar tu carácter distintivo.

4. El adversario te replica de forma ineficaz porque le falta concentración.

Examinemos cómo mantener la originalidad a la luz de estos cuatro elementos.

Los competidores replicarán cualidades diferenciadoras que son extremadamente difíciles de replicar o que necesitan talentos difíciles de adquirir. Para utilizar este elemento, seleccione distintivos que requieran una experiencia que usted posea pero de la que carezcan sus competidores.

Es extremadamente difícil persuadir a un competidor para que haga algo. Para evitar que los competidores copien su diferenciación, puede desear seleccionar una que sea superficialmente poco atractiva. Por ejemplo, cualquier diferenciador que aumente los precios o contradiga el pensamiento tradicional sobre cómo se gana dinero en su sector puede ser considerado "poco práctico" por sus competidores.

He trabajado con empresas que han ganado millones centrándose en los clientes menos deseables de su sector simplemente porque sus competidores no se tomaron el tiempo de determinar por qué nadie quería a esos clientes.

Hay pocas formas de prohibir a un competidor que le copie; la mayoría requieren asistencia legal y/o gubernamental. La protección de patentes es un excelente ejemplo de ello, ya que es un medio práctico para preservar la originalidad.

Por desgracia, la mayoría de estas estrategias tienen una vida útil limitada. Por lo tanto, debe aumentar su carácter distintivo de alguna otra manera mientras esté bajo la protección del gobierno. Si no lo hace, descubrirá que la dependencia de la protección legal puede ser una adicción paralizante, y dejarla de golpe suele ser fatal.

La ventaja de enfoque es, sin duda, uno de los instrumentos más simples y sencillos de que disponen las empresas más pequeñas. Es especialmente importante cuando se compite con empresas mucho más grandes.

Si se centra en un nicho de mercado sustancialmente más estrecho que el de su competencia más grande, es probable que se convierta en el proveedor favorito del nicho. Como resultado de concentrar sus esfuerzos en satisfacer los deseos de un tipo específico de consumidor, debería ser capaz de generar un beneficio significativamente mayor.

Muchas pequeñas empresas rechazan esta estrategia porque creen que limita su potencial de crecimiento. Sin embargo, lo cierto es lo contrario. En el sector de los seguros, por ejemplo, hemos observado que las empresas obtienen una enorme rentabilidad y crecimiento si se dirigen a un mercado que representa menos del 5% del mercado al que se dirigen sus competidores.

Demasiadas personas ven el beneficio como un concepto básico, en blanco y negro, que sólo puede abordarse a través de medios predecibles y reproducibles, como la reducción de costes. Entender cómo la singularidad conduce a los beneficios es una estrategia fantástica para diferenciar su empresa y lograr una rentabilidad superior a la media. Puede distinguir su negocio y posicionar adecuadamente su empresa para obtener una ventaja competitiva a largo plazo en el mercado con un pequeño esfuerzo.

CAPÍTULO 2: CREAR VALOR PARA SU CLIENTE.

Desde la perspectiva de un proveedor de servicios, la adquisición de un nuevo cliente es importante en el mercado global. Este ciclo de adquisición de un cliente suele ser largo, no sólo por las implicaciones contractuales y legales, sino también porque los clientes suelen basar las decisiones de adjudicación de trabajos en "el valor que la organización obtendrá" al incorporar al proveedor de servicios (o vendedor) a la organización.

Trabajar con los clientes recién adquiridos o con los ya existentes está resultando extremadamente difícil para la comunidad de proveedores de servicios en el actual entorno empresarial debido a la desaceleración económica, la reducción de la actividad, la fuerte competencia, el impacto de los precios y el aumento de los costes de operación y mantenimiento, etc. En consecuencia, se ven obligados a buscar mejores servicios a un precio más bajo.

Por otro lado, una vez adquirida la empresa, el proveedor de servicios tiende a volverse algo complaciente con la creencia de que el cliente permanecerá y que el negocio puede gestionarse tal y como viene. Las relaciones entre el cliente y el proveedor de servicios pueden volverse tensas si el enfoque en la construcción de relaciones no se lleva a cabo de forma positiva. Esto puede llevar a la aparición de grietas.

Los clientes de hoy en día ven a los proveedores de servicios como socios comerciales y están dispuestos a compartir su ecosistema empresarial para ayudar al proveedor de servicios a comprender su forma de hacer negocios. Debe parecer un matrimonio empresarial y un refuerzo de las competencias básicas de cada uno, en lugar de una asociación puntual.

Los clientes están cada vez más interesados en desarrollar relaciones a largo plazo con sus proveedores de servicios y en establecer una plataforma común para el intercambio de requisitos empresariales para un objetivo compartido.

El proveedor de servicios moderno debe centrarse en mejorar la experiencia empresarial del cliente para su organización, sus clientes y sus competidores. ¿Qué tipo de propuesta e implementación de servicios, productos o herramientas puede dar al cliente una ventaja competitiva sobre sus rivales?

Desde el punto de vista del cliente, su estado de ánimo consiste en cómo puede aumentar drásticamente su línea de resultados o su línea superior y cómo puede aumentar su base de clientes y sus objetivos de ingresos, o cómo puede minimizar los problemas operativos, técnicos o relacionados con el servicio que están afectando al negocio o cómo puede reducir los costes de operación y mantenimiento de sus servicios de TI.

La mayoría de las organizaciones globales de gestión profesional que se dedican a la gestión de proveedores y a la subcontratación de sus productos o servicios, o ambos, tienen planes de negocio a corto, medio y largo plazo para obtener importantes beneficios empresariales de los proveedores de servicios y los miden como parte de un BLA, SLA u OLA.

Estos acuerdos suelen estar bien diseñados al principio de la relación contractual y se revisan periódicamente con el proveedor de servicios.

Los servicios de los proveedores de servicios (vendedores) ya no se justifican en función de la cantidad de dinero que se les paga por hora y su capacidad para demostrar, siguiendo los términos contractuales, lo que se ha logrado para recibir el pago. En términos de anuncios de valor, los clientes esperan mucha más crema que el valor de un dólar como regalo.

Los clientes esperan que los proveedores de servicios tengan múltiples efectos positivos en sus negocios. Por tanto, es imperativo que los proveedores de servicios lo planifiquen y demuestren continuamente el valor que están creando para sus clientes.

Para los proveedores de servicios resulta esencial desarrollar propuestas de valor añadido para el crecimiento del negocio del cliente y planificar la demostración de la capacidad del cliente para demostrar una mayor confianza.

Para un proveedor de servicios, la experiencia con un cliente recién adquirido debe ser análoga a un evento deportivo en el que los primeros minutos son esenciales. Si se demuestra un juego profesional con una actitud ganadora y confianza en la obtención de resultados, las posibilidades de conseguir un nuevo cliente son muy buenas. Además, incluso siendo un jugador experimentado, hay que ganar todos los partidos para establecer la credibilidad.

Los proveedores de servicios de hoy en día deben adherirse a la máxima "Ganar al cliente todos los días". Cada pequeña acción realizada por el proveedor de servicios debe dar lugar al resultado deseado por el cliente. Es necesario interactuar con el cliente desde una perspectiva centrada en el negocio y gestionar la experiencia del cliente con mayor rigor.

Un par de encuestas realizadas por los proveedores de servicios pueden indicar una mayor proporción de estrategias centradas en el cliente, pero la realidad es que sólo una fracción de los clientes estará de acuerdo.

Lo más destacado de la sesión: Como proveedor de servicios en un entorno empresarial que cambia, es esencial adaptarse al entorno empresarial de su cliente y alinearse rápidamente para demostrar que los objetivos cambiantes del cliente son sus objetivos en el futuro.

Por ejemplo, si el cliente desea una reducción del 10% en los costes totales, ¿cuál será la propuesta de su proveedor de servicios para optimizar y consolidar los servicios? Debe hacer sentir a su cliente que usted es parte integrante de su misión.

CAPÍTULO 3: IMPORTANCIA DE LA CREACIÓN DE VALOR.

En la terminología de la ingeniería, el concepto de "máquina de movimiento perpetuo" se basa en la producción de un mayor número de productos que de insumos; del mismo modo, la comunidad empresarial espera una mayor producción por cada dólar gastado.

1. Las organizaciones de clientes sienten la necesidad de crear valor de forma global por diferentes razones.

2. Los clientes buscan diferenciadores que puedan impactar positivamente en los resultados de su negocio.

3. Como parte de su filosofía empresarial, las empresas tienden a obtener más con menos gastos.

4. La presión del mercado, la competencia feroz, las complejidades del negocio y las trayectorias de crecimiento ejercen una intensa presión para que hagan más con menos.

5. Para garantizar su supervivencia, los directivos de las organizaciones clientes deben impresionar a su dirección adquiriendo estos otros beneficios de sus proveedores de servicios.

6. Es posible comparar y seleccionar a los proveedores de servicios en función del valor añadido que aportan a la empresa.

7. El cliente espera que el proveedor de servicios sea un socio de crecimiento.

Qué es el proceso de creación de valor?

Por intención, la definición de creación de valor podría ser diferente para cada cliente en función de sus objetivos empresariales y puntos de dolor; sin embargo, en un sentido simplificado, podría ser el acto de un proveedor de servicios que satisface a un cliente (durante la creación, implementación o gestión de un servicio o producto) proporcionando rendimientos superiores a las inversiones del cliente o al coste de los servicios.

Como requisito contractual, a veces se denomina "freebie" porque viene gratis con el servicio o producto prestado.

Diferenciar la creación de valor de los servicios de pago:

Existe una confusión perpetua entre muchos profesionales respecto a la distinción entre la creación de valor y los servicios pagados.

Por ejemplo, una organización de clientes puede no sorprenderse de que se entreguen servicios y/o productos siguiendo los términos y condiciones contractuales de pago; sin embargo, el valor creado para el mismo cliente puede superar el valor en dólares pagado y expresarse en términos de beneficios tangibles o intangibles, como el retorno de la inversión, la mejora de la satisfacción del cliente en la organización del cliente, la reducción del número total de asuntos o problemas empresariales o el aumento de la base de clientes.

Los detalles de la creación de valor no se cuantifican en términos contractuales en la declaración de trabajo u orden de compra, sino que son expectativas de facto y a menudo no escritas del cliente. En algunos casos, el proveedor de servicios debe descubrirlos y ponerlos en conocimiento de las partes interesadas del cliente para ganarse su confianza.

La creación de valor tiene un impacto duradero en el clima empresarial general de la organización del cliente.

Estrategia para crear valor:

Por qué emplear la estrategia?

Debido a la explosión de la demanda de servicios de TI, las organizaciones proveedoras de servicios han empezado a declarar recientemente en sus principios básicos de trabajo hacia el cliente que creen en el desarrollo de una estrategia empresarial para ofrecer un mayor valor. Estas estrategias pueden mejorar la confianza del cliente al alinearse con sus objetivos o preocupaciones empresariales y proporcionarle seguridad.

En cierto sentido, la creación de valor para un cliente es un proceso continuo que debe ser revisado a medida que los objetivos o preocupaciones empresariales del cliente cambian en respuesta a su entorno empresarial.

Lo más destacado de la sesión: La estrategia comercial que un proveedor de servicios debe desarrollar para su cliente debe crear al menos dos veces el valor del contrato que recibe del cliente.

Diferentes niveles de creación de valor:

La creación de valor para el cliente se produce de muchas maneras y requiere una comprensión exhaustiva de las partes interesadas, el negocio, la tecnología y las operaciones del cliente. Las partes interesadas de la organización del cliente incluyen al personal, la alta dirección, los usuarios finales, los clientes y otros proveedores.

En función de sus problemas, cuestiones, preocupaciones y objetivos empresariales, el valor percibido por cada uno puede variar. El proveedor de servicios debe tener en cuenta todos estos factores a la hora de prestar servicios a una organización.

El valor creado por el proveedor de servicios varía de sabor y depende de las circunstancias. Es un proceso continuo que se crea a nivel de instancia. Se puede clasificar a grandes rasgos en dos niveles por conveniencia.

Nivel estratégico o empresarial: En el nivel empresarial, la creación de valor es el efecto agregado en el entorno empresarial como resultado del servicio o producto prestado por el proveedor de servicios y se cuantifica en términos de números, porcentajes, factores, etc. Calcular y determinar el valor empresarial es difícil y en ocasiones puede resultar engañoso. A menudo es, la valoración de la creación de valor intangible.

Buenos ejemplos de la creación de valor tangible de un proveedor de servicios son el número de nuevos clientes adquiridos por el cliente debido al rendimiento excepcional del proveedor de servicios y el porcentaje o la cantidad de dólares del crecimiento de los ingresos.

Los valores intangibles son difíciles de cuantificar; por lo tanto, podrían describirse como la capacidad del proveedor de servicios para ayudar al cliente a aplicar de forma coherente la norma reglamentaria, mantener el cumplimiento, proporcionar facilidad de funcionamiento o conseguir habilidades difíciles cuando la empresa las necesita con urgencia.

A nivel operativo, la creación de valor puede ser tangible o intangible, en función del entorno empresarial de la organización del cliente. La creación de valor a nivel operativo puede tener o no un impacto global en el entorno empresarial. Tiene un enfoque más local.

Algunos ejemplos de creación de valor tangible por parte de un proveedor de servicios son las mejoras basadas en los acuerdos de nivel de servicio (SLA), la alta disponibilidad del sistema, la reducción del tiempo de inactividad en un porcentaje y la mejora del tiempo de respuesta en un porcentaje. Las medidas de valor intangible incluyen el más alto nivel de colaboración, el excelente trabajo en equipo y el cumplimiento de los procesos.

El valor creado para cada parte interesada de la organización del cliente se clasifica a grandes rasgos en los niveles de negocio y operación.

CAPÍTULO 4: ESTRUCTURA DE CREACIÓN DE VALOR.

Todo proveedor de servicios debe desarrollar un marco de creación de valor específico para el cliente que esté alineado con el entorno empresarial de éste y que pueda utilizarse continuamente para generar instancias de valor añadido. El marco proporciona a los miembros del equipo de la organización del proveedor de servicios mucha coherencia y una comprensión distinta.

Dicho marco debe funcionar como un motor de creación de valor y estar respaldado por herramientas y procesos para captar continuamente el pulso del cliente. El proveedor de servicios puede necesitar invertir en este ámbito, teniendo en cuenta la expansión de su negocio y la relación con el cliente.

Comprender las propuestas de valor y desarrollar una estrategia:

Normalmente, la propuesta de creación de valor comienza el primer día de la relación con el cliente. El proveedor de servicios y su equipo deben hacer un esfuerzo concertado para planificar metódicamente cada actividad que aumente el valor del cliente. Cuando un cliente presenta una nueva solicitud de servicio, el proveedor debe priorizar la provisión de otro valor sobre los servicios de bajo coste.

A menudo, un cliente puede no tener claro o no expresar lo que realmente puede suponer una diferencia para su negocio; en estos casos, el proveedor de servicios debe validar su comprensión del valor que la organización de su cliente podría obtener al completar tareas específicas. Esto puede lograrse a través de varios foros de discusión y examinando el alcance del trabajo.

He aquí algunas aportaciones que pueden ayudar a desarrollar un plan estructurado de creación de valor.

1. Determinar qué valora el cliente en él;

2. Distinguir entre los aspectos tecnológicos y empresariales del compromiso con el cliente;

3. Determinar qué características y servicios son de máxima importancia para el cliente;

4. Identificar los mayores retos, cuestiones, limitaciones o problemas del cliente; y

5. Hablar con las partes interesadas, como los jefes de los equipos técnicos, los usuarios finales, los clientes y la alta dirección, para comprender los imperativos e impactos del negocio.

6. Comprender el entorno, el mercado, los clientes, la ubicación, el sector y la cultura del cliente. Entender cómo se puede mejorar la intimidad y la colaboración con el cliente.

7. Establecer un entendimiento y una definición de valor compartidos con el cliente.

Aplicar el plan de creación de valor:

La aplicación del plan de creación de valor dentro de la organización del proveedor de servicios requiere concentración y consenso. Todos los recursos que participan en la prestación de servicios al cliente deben tener una comprensión clara del valor que debe entregarse al cliente a lo largo del tiempo y el método por el que esta información puede comunicarse a la dirección tanto de la organización del cliente como de la organización del proveedor de servicios.

El plan de creación de valor debe considerar algunas propuestas de valor añadido a nivel de tecnología, proceso, herramienta o negocio que puedan beneficiar al cliente; cada propuesta debe ser evaluada a la luz del entorno empresarial del cliente.

La organización proveedora de servicios debe creer en una cultura abierta de trabajo con los clientes y atreverse a señalar la ambigüedad, los puntos ciegos y las áreas problemáticas formalmente para minimizar el impacto negativo en el negocio del cliente.

Hay que tener en cuenta todos los elementos de una prestación que puedan añadir valor a cualquier parte interesada de la organización del cliente. En ocasiones, las propuestas de valor añadido pueden tener beneficios tanto a corto como a largo plazo.

Durante la aplicación de una propuesta de valor añadido, hay que centrarse en conservar los recursos valiosos que puedan generar un valor significativo para la organización del cliente.

Capturar, calificar y cuantificar los casos de creación de valor:

A menudo, los equipos de una organización de proveedores de servicios realizan mucho trabajo de valor añadido para su cliente, pero no proporcionan visibilidad al cliente ni a la dirección de la organización de proveedores de servicios, por lo que pasa desapercibido. Esto perjudica al equipo del proveedor de servicios porque pierde la oportunidad de ser reconocido.

Otra desventaja es que la alta dirección de la organización del proveedor de servicios carece de perspectiva y, por tanto, pierde la oportunidad de demostrar las mejores prácticas a otros posibles clientes. En consecuencia, el marco de creación de valor y su difusión entre el equipo de la organización proveedora de servicios proporcionan la solución correcta a este problema.

La creación de valor transforma la situación empresarial del cliente de forma que le hace más competitivo y le permite cumplir sus objetivos empresariales con prontitud.

La medición de la creación de valor requiere la aplicación de un proceso sistemático que garantice que todos los casos de adición de valor sean captados, cuantificados, representados y aprobados por el cliente.

Esto contribuye a establecer una base más convincente para fortalecer y cultivar la relación. Normalmente, los clientes experimentan los efectos de los servicios de valor añadido que han recibido de los proveedores de servicios.

Es esencial calificar lo que constituye un servicio de valor añadido para un cliente concreto, y esto se consigue mediante una estrecha colaboración y una consulta frecuente con los representantes de la organización del cliente a todos los niveles.

El enfoque de la calificación de un servicio de valor añadido proviene del entorno empresarial del cliente, y es esencial identificar los cuellos de botella, los obstáculos y los problemas a través del diálogo continuo, las reuniones de revisión y las presentaciones de gestión.

Una vez determinados los atributos de los elementos de valor cualificados, se puede diseñar un proceso y/o herramientas para captarlos, cuantificarlos y medirlos con la frecuencia deseada.

También es esencial verificar los requisitos de elegibilidad con el cliente.

Por ejemplo, si un cliente se enfrenta a problemas de gestión del cambio con su personal al implantar un nuevo proceso empresarial a través de un sistema informático y usted es un proveedor de servicios de sistemas informáticos, puede ofrecerle un facilitador del cambio que pueda abordar eficazmente este problema para evitar fracasos en la implantación. Por lo tanto, la calificación de lo que realmente será de valor para el cliente es primordial.

La cuantificación se produce inmediatamente después de la determinación del valor cualificado del cliente.

Cuantificar un elemento de valor añadido desde su estado inexistente o mínimo hasta su forma tangible después de que usted, como proveedor de servicios, haya trabajado en él puede demostrar su éxito. Tanto si se trata de un cliente como de un proveedor de servicios, la cuantificación del valor añadido en términos mensurables siempre proporciona un indicador de referencia comparativo dentro de la organización y, a menudo, entre los competidores.

Esta cuantificación del valor se realiza de muchas maneras, como con números, porcentajes o en una escala de 0 a 5 o de 0 a 10. El cálculo preciso de las medidas de valor añadido de forma puntual y con una periodicidad lógica proporciona una buena tendencia para que el proveedor de servicios consiga más, mientras que mostrar esta tendencia a intervalos periódicos aumenta la confianza del cliente.

CAPÍTULO 5: EVALUACIÓN DE LA CREACIÓN DE VALOR.

La medición de la creación de valor requiere una clara comprensión y definición de las medidas, una captación oportuna y una comunicación convincente con el cliente.

La creación de valor se produce de forma diferente y continúa hasta que el proveedor de servicios comienza a trabajar con la organización del cliente. Estas métricas también deben medir el rendimiento de las herramientas, los procesos y las personas para determinar si producen resultados basados en el valor.

A continuación se enumeran algunas métricas típicas que demuestran que se está creando valor.

Índice de satisfacción del cliente (CDI): Es una de las medidas que los proveedores de servicios pueden utilizar para determinar el nivel de satisfacción de los clientes. Esta métrica puede recogerse a intervalos regulares.

La tendencia al alza del CDI y su mantenimiento constante en el nivel más alto indican que el cliente está satisfecho con la calidad de sus servicios. Se puede determinar qué aspectos de los servicios contribuyen más a la satisfacción del cliente.

Algunos ejemplos de satisfacción del cliente son la entrega puntual de los servicios a lo largo de un compromiso o periodo, la demostración de un rendimiento del nivel de servicio que supere el SLA acordado y los tiempos de respuesta a las preguntas que sean significativamente más rápidos que el plazo acordado.

La utilización de técnicas y conceptos innovadores durante la prestación de servicios a un cliente puede mejorar el rendimiento al reducir el tiempo de inactividad del sistema.

Por ejemplo, si usted es responsable del mantenimiento de los sistemas informáticos de los clientes, que solían experimentar de cuatro a seis horas de inactividad a la semana, y ha creado procedimientos y herramientas de mantenimiento innovadores para reducir ese tiempo de inactividad a sólo una o dos horas de forma drástica, puede optar a una bonificación. Este es un excelente ejemplo de valor añadido para mostrar a su cliente.

Tras captar las métricas de valor añadido, es necesario representarlas en el foro adecuado. Los proveedores de servicios pueden compartir los resultados de sus esfuerzos por crear servicios de valor añadido con las organizaciones de clientes durante las revisiones periódicas de la gestión, el negocio y el progreso.

Para crear un entorno propicio y demostrar que están alineados con los objetivos empresariales o las preocupaciones de la organización del cliente, los proveedores de servicios suelen elegir los periodos de renovación o ampliación de los contratos para hablar de los servicios de valor añadido con los clientes.

Estos servicios de valor añadido se comparten con el cliente a nivel de equipo mediante estudios de casos o mejores prácticas. Uno de los aspectos esenciales para determinar si hemos creado o no valor para nuestros clientes puede abordarse obteniendo una perspectiva externa. Se puede obtener esta perspectiva hablando con un grupo de analistas, un competidor o una organización encuestadora.

Esto es algo complicado debido a los problemas de confidencialidad y, a veces, a la ambigüedad de las medidas de valor añadido. Los proveedores de servicios pueden utilizar la perspectiva de un tercero para comprender la creación de valor para las grandes organizaciones de clientes.

El pulso del cliente y su aprobación de la creación de valor por el trabajo realizado por el proveedor de servicios también indica si las partes interesadas de la organización del cliente están satisfechas o no y si la relación es beneficiosa para todos.

Los aspectos más destacados de la session son:

El marco de creación de valor es un activo a largo plazo para la organización del cliente que le da confianza y visibilidad sobre lo que el proveedor de servicios puede hacer para aumentar su valor empresarial.

Herramientas de creación de valor: Las organizaciones proveedoras de servicios pueden haber creado e implementado herramientas específicas para varios clientes, algunas de las cuales pueden ser idénticas para compromisos similares. Dependiendo del entorno empresarial del cliente, puede ser necesario desarrollar herramientas que, si se utilizan de forma eficaz, puedan aportar mayores beneficios y valor al cliente.

Es esencial tener en cuenta aquellas herramientas que puedan producir resultados rápidos para la organización del cliente. Esto debe hacerse antes de que el cliente crea que ya no recibe valor del proveedor de servicios.

Los siguientes son ejemplos de Herramientas recomendadas:

Muchos proveedores de servicios utilizan invariablemente modelos de retorno de la inversión (ROI) para demostrar el valor acumulado de los compromisos a lo largo del tiempo. La elección de los parámetros de entrada y salida hace que el cálculo del ROI sea un reto.

1. Componentes reutilizables: Este es uno de los mayores activos que un proveedor de servicios puede capitalizar, ya que los componentes reutilizables pueden tener un impacto positivo en los resultados de la organización del proveedor de servicios, reduciendo así los errores, ahorrando tiempo y proporcionando una ventaja para los compromisos con los clientes.

Si un proveedor de servicios no tiene ya componentes reutilizables, puede crearlos para su cliente, de modo que la organización de éste pueda utilizarlos sin más tiempo ni esfuerzo. Se convierte en un activo que añade valor.

Además, calcular y demostrar el valor añadido del servicio o producto a una organización cliente que lo utiliza regularmente es relativamente sencillo. Los conjuntos de casos de uso/requisitos, los casos de prueba, las plantillas, los objetos y las plataformas son ejemplos típicos de componentes reutilizables, al igual que los flujos de procesos de negocio estándar para un determinado proceso de negocio o producto.

2. Encuesta de satisfacción del cliente: Una encuesta de satisfacción del cliente es uno de los métodos más eficaces utilizados por casi todos los proveedores de servicios para medir el nivel de los servicios de valor añadido prestados al cliente.

Muchas empresas proveedoras de servicios han creado portales de encuestas para que sus clientes recojan sus opiniones sobre los servicios de valor añadido que prestan a las distintas partes interesadas. Las respuestas a la encuesta incluyen preguntas y puntuaciones específicas que describen el servicio/producto de valor añadido que proporcionan los proveedores de servicios.

3. Modelos de generación de ideas e innovación: Esta es una de las principales y más populares expectativas que las organizaciones de clientes tienen de sus proveedores de servicios, y los contratos de renovación suelen examinar estos aspectos con gran detalle.

La organización cliente quiere saber qué marco ha desarrollado el proveedor de servicios, qué componentes son demostrables, y si los recursos consideran cada problema y cuestión de forma creativa, etc. En realidad, los orígenes de los servicios de valor añadido provienen totalmente de las nuevas soluciones.

Muchas organizaciones proveedoras de servicios tienen portales, marcos e iniciativas para fomentar la innovación y las ideas generadas por los empleados que pueden aplicarse para ofrecer servicios de valor añadido a sus clientes.

4. Registro de valor: Mantener un registro de valor y registrar todos los casos de servicios de valor añadido prestados al cliente con prontitud es un enfoque directo para capturar todos los casos de valor añadido para el cliente a lo largo de los compromisos.

5. Herramientas de motivación: Muchas organizaciones proveedoras de servicios utilizan herramientas de motivación con incentivos, recompensas, etc., para fomentar la generación de ideas nuevas, creativas e innovadoras.

A menudo, las organizaciones de clientes también entregan certificados y recompensas monetarias a los trabajadores de los proveedores de servicios en reconocimiento de sus excepcionales contribuciones y servicios de valor añadido. Algunos ejemplos son la aportación de soluciones novedosas a cuestiones o problemas de los clientes que no son típicos de las operaciones cotidianas.

6. Utilizar las mejores prácticas es comparable a emplear componentes reutilizables. Dado que muchos proveedores de servicios trabajan en entornos

de múltiples clientes, las mejores prácticas recopiladas de otras cuentas y compromisos de clientes se almacenan en un repositorio y se aplican cuando surgen situaciones similares para otros clientes.

El uso de las mejores prácticas para abordar los asuntos o problemas de los clientes es muy eficaz cuando el entorno y las circunstancias de la empresa son idénticos. Esto añade un valor significativo a la organización del cliente.

7. Instrumentos específicos para el cliente: La gestión de las relaciones y la visibilidad a nivel de dirección son de suma importancia en las cuentas de clientes más grandes. La mayoría de los proveedores de servicios se esfuerzan por crear cuadros de mando de programas, cuadros de mando de gestión de acuerdos de nivel de servicio y portales de información para mostrar los logros, las tendencias de progreso en diversas métricas y la salud general de la cuenta. Este servicio aporta valor a la organización del cliente.

8. Herramientas de escalado y gestión de problemas: Se trata de herramientas bastante comunes pero esenciales, especialmente para las grandes cuentas de clientes. La clara ventaja añadida de estas soluciones para el cliente es una gran disminución del tiempo y el esfuerzo necesarios para procesar los problemas escalados y las escaladas.

Cuando influye negativamente en el negocio, es esencial compartir información con las partes necesarias, como cuándo surgen los problemas o se escalan, quién los aborda y cuál es la resolución. Con estas herramientas, se puede diseñar un excelente flujo de trabajo y un proceso de principio a fin.

Muchas empresas proveedoras de servicios rellenan las bases de datos de incidencias y escaladas para la gestión de futuros problemas. Incluso para las cuentas de clientes más pequeñas, un simple registro de incidencias/escaladas basado en Excel con los datos necesarios proporciona un repositorio sólido, y estos eventos anteriores podrían ser útiles para futuros problemas de tipo similar.

9. Herramientas Six Sigma: Las herramientas Six Sigma son muy eficaces y se centran en los resultados. Ayudan a los equipos de proveedores de servicios a captar la Voz del Cliente (VOC) en la fase de definición. Las medidas críticas para la calidad (CTQ) se identifican y se siguen a lo largo del ciclo de mejora.

Las herramientas Six Sigma son suficientes para demostrar su valor, ya que los proyectos Six Sigma suelen tardar de dos a tres meses en completarse. Dado que la tecnología es ampliamente utilizada y aceptada, es sencillo persuadir a los clientes de las ventajas de utilizarla para demostrar el valor añadido.

Los aspectos más destacados de la sesión son: Las herramientas son los recursos que permiten continuamente a los proveedores de servicios rendir mejor para sus clientes a un coste menor.

En conclusión, la creación de valor para el cliente no es un ejercicio de una sola vez destinado a poner una sonrisa en su cara, sino un proceso continuo de aplicación de una estrategia de negocio con el apoyo de soluciones innovadoras y la gestión a lo largo de la relación con el cliente para demostrar 2x retornos medibles en sus inversiones.

CAPÍTULO 6: VALOR DE LAS VENTAS Y CÓMO AFECTA A SU PRODUCTO.

El consumidor determina en su mayoría la definición de lo que aporta valor. O se hace lo que es mejor para el consumidor (como se ha establecido anteriormente) o no se hace. Desde la perspectiva del consumidor, el "valor añadido" no implica nada. No añade un valor significativo al producto en sí. El valor de base del producto tendrá que mantenerse por sí mismo.

Los consumidores comprarán a un representante de ventas que realmente se preocupe por sus necesidades y no ofrezca elementos "extra" para hacer la venta.

Llevo años intentando convencer a los comerciales de que el valor que "aportan" proviene de ellos mismos. No es algo que la empresa ofrece para compensar su incapacidad de comprender al consumidor y sus deseos.

Pretender ofrecer un servicio de valor añadido es como decirle a un cliente potencial: "Cómpreme este coche porque los neumáticos están inflados".

Para dar valor hay que adoptar inicialmente la perspectiva del comprador. Entienda que el comprador siempre intenta satisfacer sus deseos y requisitos, nunca los suyos. No se le tiene en cuenta a usted. Siempre se trata de ellos y nunca de ti.

Cuatro niveles de satisfacción del comprador:

Debe satisfacer las expectativas del consumidor. Considere cómo puede lograrlo con su producto o servicio. Entienda que el producto o servicio satisface las demandas del cliente, no un valor añadido. Nada que se añada a los productos o servicios puede ayudarle a alcanzar las expectativas del cliente.

No estoy sugiriendo que los extras no sean importantes; son el objeto de la siguiente afirmación. Me refiero a que el producto conlleva ciertas expectativas, que deben cumplirse, o el comprador buscará en otra parte. Las expectativas se centran en el producto, no en su valor añadido.

¿Puede proporcionar una lista de veinte expectativas probables del comprador antes de la primera conversación?

¿Puede demostrar cómo su producto satisface estos requisitos sin utilizar superlativos? Elabore una lista de veinte elementos que satisfagan los requisitos del comprador. Al día siguiente, añada veinte elementos más a la lista.

Una vez que el posible comprador esté convencido de que puedes satisfacer sus expectativas, debes demostrar tu capacidad para superarlas. Debes cuestionarte continuamente cómo puedes superar las expectativas de los posibles compradores, añadiendo qué al producto de compra inicial.

Aquí es donde usted aporta valor añadido.

Considere veinte formas de superar las expectativas de sus posibles compradores. Considere estos factores desde la perspectiva de sus nuevos clientes para ver si ha dado en el clavo. Si no es así, vuelva y genere veinte ideas más. Al día siguiente, añada otros veinte elementos a la lista.

A continuación, debe seguir complaciendo al cliente después del momento de la venta. A veces se denomina "satisfacción de la venta". Debe comprender la distinción entre satisfacción y placer. Pregúntate continuamente: "¿Cómo puedo deleitar a mi cliente? A continuación, concibe los medios para lograr la satisfacción del cliente. ¿Se te ocurren veinte métodos para complacer a tus clientes?

¿Considerarás veinte palabras más mañana?

¿Cómo piensa aplicar los cambios de hoy?

¿Cuáles son tus planes para el día siguiente?

Usted sabe que impresionar al comprador potencial en cada etapa del proceso de venta es esencial para ser el mejor. En última instancia, debe comprender el poder del asombro. Deténgase ahora mismo y considere veinte formas de asombrar a su comprador potencial desde el contacto inicial hasta que le recomiende a sus amigos. Al día siguiente, considere veinte más. Planifique cómo quiere aplicar estas medidas.

El valor requiere que comprendas a tu comprador. Su producto es su valor, y su producto es suyo. Sin usted, su producto no es más que una mercancía. Los profesionales de las ventas toman la mercancía, se añaden a la mezcla y generan un enorme valor para los posibles compradores.

CAPÍTULO 7: CREAR OFERTAS IRRESISTIBLES QUE PROVOQUEN UNA ACCIÓN INMEDIATA ES UN VALOR AÑADIDO.

Añadir valor implica proporcionar a los clientes más de lo que podrían recibir en otro lugar. La mayoría de las personas de hoy en día se guían por el valor. No es el precio lo que más importa; el valor añadido que reciben justifica el coste de tu widget.

Ofrezca a sus clientes un valor de uso significativamente mayor que el que recibe en valor económico. Cuando ofrece más con cada compra, los compradores perciben que esa compra tiene mayor valor. Este valor añadido le proporciona una clara e inequívoca ventaja competitiva sobre todas las demás empresas que venden productos comparables.

El objetivo es aumentar el valor de lo que vende. Hacer que sea mucho más ventajoso y valioso para el comprador comprarle a usted. Quiere que la decisión de compra sea una "obviedad" a su favor debido al importante valor añadido que usted proporciona.

Incluir otras bonificaciones con cada compra es una forma sencilla de mejorar el valor. Esto podría suponer incluir una bonita bolsa con cada portátil, un delantal con cada máquina de hacer pasta o un cinturón de herramientas de alta calidad con cada taladro eléctrico. Muchas de estas recompensas están disponibles en vendedores especializados a granel y a costes asequibles.

Ofrecer informes impresos, cintas de audio, películas o CD gratuitos es un método sencillo y económico de ofrecer valor. El objetivo es ofrecer información oportuna y útil al comprador. Es de esperar que también sea algo que no pueda descubrir en otro sitio.

A menudo, estos "extras" pueden reproducirse a un coste muy barato, pero el valor percibido que ofrecen a un producto puede valer cien veces o más que sus costes reales.

Un componente sustancial de una redacción eficaz es una oferta convincente. Cuanto más convincente sea su oferta para los clientes potenciales, mayor será su probabilidad de cerrar el trato. Muchos especialistas en respuesta directa coinciden en que si quiere aumentar sus resultados, debe mejorar su oferta. Una oferta mejor significa mayor valor. Los compradores reciben un mayor valor por su dinero.

Hay muchos buenos ejemplos de marketing de valor añadido en la televisión. Puede encender la televisión en cualquier momento o por la noche y presenciar muchos ejemplos de otros valores.

Utilizando esta singular premisa, el cuchillo Ginsu se ha vendido comercialmente durante años. Usted recibe varios cuchillos por un precio bajo. "Compre el mundialmente famoso Ginsu Deluxe, y también recibirá esto y esto, y si hace su pedido en los próximos ocho minutos, ¡también recibirá este artículo extra único gratis!". Los vendedores de la marca Ginsu han vendido millones de paquetes utilizando esta estrategia de valor añadido.

Observe cualquier infomercial en la televisión hoy en día, y verá que las mismas ofertas de valor añadido se emplean constantemente. ¿Por qué? Porque funcionan excepcionalmente bien.

Los clubes de libros y CD utilizan el concepto de valor añadido para adquirir una parte de este valioso mercado. ¿Cómo pueden atraer a personas acostumbradas a comprar libros y CD en el centro comercial local? Ofreciendo un valor excepcional por adelantado. "5 libros por 5 dólares" o "Elija 3 CDs gratis con su primer pedido" son ejemplos de ofertas de valor añadido que se ofrecen principalmente para atraer a los consumidores primerizos.

Casi cualquier organización puede proporcionar valor con productos de información sencillos. Cree cosas con valor añadido e "información interna" que beneficien a sus clientes. Puede tratarse de cómo sacar más partido a su nuevo equipo, cómo mantenerlo para que dure más y funcione de forma fiable durante años, o cómo utilizar su nuevo widget de 37 formas diferentes en la casa o la oficina.

Otra alternativa es proporcionar a los compradores la información que probablemente encuentren valiosa. Por ejemplo, una granja de fresas podría proporcionar una o dos recetas fantásticas de pasteles, tartas o bizcochos de fresa. No es difícil crear la percepción de valor añadido. Este es un ejemplo de valor añadido básico, asequible y adecuado.

Proporcionar valor añadido crea una situación en la que todas las partes están satisfechas con la adquisición. Sus consumidores reciben más valor por su dinero y están encantados de compartir sus experiencias positivas con otros. La adición de valor aumenta el negocio de las referencias. A medida que se corre la voz sobre los beneficios únicos que ofrece su empresa, usted consigue una mayor base de consumidores.

¿Cómo puede mejorar el valor percibido de su oferta actual? Una pequeña dosis de inventiva puede hacer que su oferta de ventas sea considerablemente más atractiva, y una oferta tentadora atrae a muchos más clientes interesados.

CAPÍTULO 8: CÓMO HACER UN SEGUIMIENTO DEL VALOR DEL CLIENTE A LO LARGO DEL TIEMPO.

El santo grial del marketing online es el seguimiento del valor del cliente durante su vida útil y la evaluación del ROI de cada uno de sus vehículos de marketing. Por desgracia, muchos profesionales del marketing online carecen de las habilidades de ejecución necesarias para hacer realidad esta ambición. Estos vendedores consiguen el objetivo de evaluar el valor del cliente de por vida, pero utilizan tantos atajos que sus conclusiones son dudosas.

El seguimiento del valor del cliente de por vida es más difícil de lo que parece en un principio, ya que los profesionales del marketing dependen de dos sistemas distintos para el seguimiento de los clientes, y estos sistemas normalmente no se comunican entre sí. El primer sistema de seguimiento es un paquete de análisis web, el más popular de los cuales es Google Analytics.

El segundo sistema de seguimiento es el sistema transaccional (como una base de datos de comercio electrónico) que registra los clientes y los pedidos. Aunque el paquete de análisis en línea tiene información sobre el origen de los clientes, el valor de vida del cliente suele almacenarse en el sistema transaccional, lo que supone una barrera.

Como los vendedores no comprenden cómo interconectar su software de análisis con su sistema transaccional, empiezan a tomar atajos. El atajo más frecuente es obtener un valor medio del cliente durante su vida útil a partir del sistema transaccional y suponer que ese valor se aplica a todas las categorías de clientes.

Esta importante suposición a menudo no se sostiene cuando se puede acceder al auténtico valor de vida del cliente por segmentos. La realidad es que ciertas partes gastan mucho más que otras. Por lo tanto, hay que profundizar.

En ocasiones, los profesionales del marketing estiman el valor del cliente basándose en la información de Ad Words o Google Analytics (cuando las funciones de comercio electrónico están activadas). El problema con esta estrategia es que Ad Words emplea una cookie de 30 días, por lo que sólo se puede realizar un seguimiento del gasto del consumidor durante los primeros 30 días después de que un usuario haga clic en un anuncio. Es un periodo de tiempo insuficiente para medir el valor de por vida.

Existen dos métodos fundamentales para realizar un seguimiento eficaz del valor de por vida del cliente: transferir la información de origen del cliente a su sistema transaccional o extraer suficiente información de su paquete de análisis para que coincida con su sistema transaccional. En el primer caso, se etiqueta cada campaña publicitaria patrocinada con otros datos que definen el origen del cliente.

Por ejemplo, supongamos que estamos emitiendo anuncios para su sitio web. En lugar de poner "http://YourURLHere.com/" para la página de destino al configurar los anuncios, utilizamos "http://YourURLHere.com/?source=123", donde 123 representa la campaña publicitaria.

El sistema transaccional debe entonces capturar "?source=123" y asociar estos datos con el cliente correcto. En otras palabras, cuando un consumidor hace clic en el anuncio, almacena "123" en la columna de su base de datos para ese cliente.

Si ha creado su sistema transaccional, esta modificación no suele ser difícil en la mayoría de las plataformas. Dependiendo de la flexibilidad de su sistema transaccional/de comercio electrónico empaquetado, esta estrategia puede o no ser aplicable.

Además de los retos de integración, esta estrategia tiene otras ventajas y desventajas. Una vez que este sistema está operativo, es bastante sencillo generar informes que detallen los ingresos globales por campaña y lo que los clientes han comprado y cuándo. Esto se debe a que todos los datos de segmentación e ingresos residen en un único lugar: sus sistemas transaccionales.

Sin embargo, usted no tiene el coste de sus campañas en los sistemas transaccionales, por lo que todavía tendrá que cotejarlos. Sin embargo, esta es una tarea sencilla que puede completarse manualmente si no tiene muchas campañas.

Esta estrategia funciona para las campañas de publicidad patrocinada y otras estrategias en las que puede controlar la URL (para añadir la información "?source=123"). En ciertas circunstancias, como la búsqueda gratuita, no puede controlar la URL.

En consecuencia, no se puede calcular el ROI para todas las fuentes utilizando este método. Aunque nos interesa principalmente el ROI de las campañas de publicidad de pago, siempre es beneficioso conocer el ROI del trabajo de SEO y otros proyectos de marketing.

El segundo método para rastrear el valor del cliente durante su vida útil es recopilar suficientes datos del sistema de análisis web para determinar el origen de los clientes. Si utiliza Google Analytics, debe activar las funciones de comercio electrónico.

Después de completar estos pasos, puede generar informes en Google Analytics que muestren los ID de las transacciones por origen del cliente. Por ejemplo, se puede seleccionar el área de comercio electrónico y el informe de transacciones en Google Analytics. A continuación, puede elegir un segmento o utilizar la dimensión secundaria para filtrar los resultados.

Ahora tiene una lista de transacciones organizadas por su origen. Esta información puede exportarse desde Google e importarse a una base de datos de informes para su sistema transaccional, donde puede ver las compras posteriores realizadas por los clientes desde cada fuente.

En otras palabras, Google Analytics le informa de que el pedido 1001 fue realizado por un consumidor que llegó desde una determinada campaña. Ahora puede acceder a su sistema transaccional para determinar que este cliente realizó posteriormente los pedidos 1010 y 1011.

Para exportar los datos de Google Analytics, es aconsejable utilizar un programa automatizado. Excellent Analytics es un complemento de Excel que utiliza la API de Google Analytics para recuperar datos de Google Analytics. Esta estrategia requiere un cierto esfuerzo de configuración, pero es increíblemente beneficiosa si se lleva a cabo.

Este segundo método se aplica a casi todas las fuentes de clientes, lo cual es una de sus muchas ventajas. ¿Quiere saber cuánto dinero gastan los clientes de la búsqueda orgánica?

No hay problemas con este método. Puede hacer que los datos sean tan granulares como desee.

Por ejemplo, puede determinar el valor de por vida de los usuarios que llegaron a una determinada frase clave a través de la búsqueda orgánica. El cielo es esencialmente el límite cuando se cortan y cortan los datos del valor del cliente.

Hay que tener en cuenta la siguiente parte de las condiciones de servicio de Google Analytics:

Usted no utilizará (y no permitirá que ningún tercero lo haga) el Servicio para rastrear o recopilar información de identificación personal de los usuarios de Internet. Tampoco asociará (y no permitirá que ningún tercero lo haga) ningún dato recopilado de su sitio web (o del sitio web de dicho tercero) con ningún detalle de identificación personal de ninguna fuente como parte de su uso (o del uso de dicho tercero) del Servicio.

No pretendo ser un abogado, pero es posible interpretar estos términos como una violación de las condiciones de servicio de Google. Por otro lado, se puede argumentar que Google viola sus condiciones de servicio al mostrar de forma destacada el ID de la transacción en su interfaz, que es información de identificación personal.

Si le preocupan las condiciones de Google, siempre puede utilizar otra herramienta de análisis web. Además, si agrega los datos por segmento de clientes en lugar de por cliente individual, es probable que no infrinja la intención de esta sección. Usted debe tomar la decisión.

Los clientes suelen visitar muchas fuentes antes de finalizar una compra. Antes de completar una compra, pueden hacer clic en muchos esfuerzos pagados, una campaña de correo electrónico y un enlace orgánico. Independientemente de su estrategia, debe tener en cuenta que los clientes no siguen un camino recto de una fuente a otra en su sitio web.

¿Qué entidad recibe el crédito del cliente? Tendrá que determinar qué normativa se aplica. Muchas organizaciones con las que he tratado consideran que la primera fuente es "dueña" del cliente. Aun así, reasignarán la cuenta a otra fuente si el consumidor se vuelve inactivo durante un periodo prolongado (por ejemplo, si no realiza compras durante seis o más meses).

Si utiliza estos métodos para hacer un seguimiento del valor de vida del cliente, descubrirá que su toma de decisiones ha mejorado considerablemente. Ahora puede medir la eficacia de sus operaciones de marketing con gran detalle.

CAPÍTULO 9: PROPUESTAS DE VENTA ÚNICAS PARA SU EMPRESA EN TIEMPOS DIFÍCILES.

Una recesión no tiene por qué causar problemas a su empresa. Incluso en los mercados prósperos, hay altibajos para todas las empresas.

¿Están usted y su organización adecuadamente preparados y equipados para hacer frente a las exigencias de una economía blanda o dura?

Muchos empresarios temen la recesión económica y el riesgo de perder clientes, empleados o beneficios. Creen que si la economía se debilita, los clientes y consumidores reducirán sus proyectos, dejarán de gastar y posiblemente incluso buscarán opciones más baratas de la competencia.

Esto es cierto, pero sólo hasta cierto punto. Ciertamente, una economía en desaceleración y un estado de ánimo desfavorable de los consumidores pueden poner en jaque a su organización o permitirle conseguir nuevos clientes y aumentar sus ventas mediante la adopción de técnicas que funcionan mejor en un mercado en declive y que son fantásticas para épocas de expansión del mercado.

Dependiendo de su sector, puede emplear diferentes técnicas para conservar e impulsar sus ventas mientras sus competidores compiten por sobrevivir.

Las siguientes USP (Unique Selling Propositions) establecen objetivos cuantificables e identifican acciones estratégicas críticas que le ayudarán a navegar eficazmente por su empresa en tiempos económicos impredecibles mientras otros luchan por sobrevivir:

1. Aproveche el periodo de calma para mejorar los fundamentos y las bases de su empresa.

Después de una larga operación, su empresa requiere apretar sus nudos y pernos y lubricar sus piezas móviles para eliminar los chirridos. Empiece por la cúpula revisando y reafirmando los valores, la visión y la misión de su organización. Asegúrese de que sus empleados se sientan impulsados a defender los valores de la empresa mostrando una clara conciencia de los problemas del negocio y expresando su contribución.

Alinee los objetivos y valores de su empresa con los incentivos y recompensas para sus empleados. Distribuya la información por toda la organización para que sus empleados puedan demostrar su iniciativa. Involucre a su personal en la resolución de problemas y solicite sus sugerencias exclusivas para aumentar la rentabilidad, mejorar la eficiencia y reducir los gastos.

2: Superar a los competidores.

Deténgase un momento y hágase la siguiente pregunta: si lo que vendo u ofrezco es sustancialmente lo mismo que lo de mis competidores, ¿qué necesito para ser diferente y superior en diferentes aspectos, incluyendo el servicio al cliente, el marketing, la promoción y las ventas?

Más allá de la creatividad y la innovación, la solución a esta pregunta radica en diferenciar favorablemente a su empresa de la competencia mediante un "liderazgo pensante" y un ingenio inspirador, que debe convertirse en una segunda naturaleza para usted y su organización en tiempos difíciles.

Su objetivo final es destacar plenamente en la mente de sus clientes mediante la aplicación de técnicas innovadoras de ventas y marketing para generar puntos brillantes únicos (USP) que sean exclusivos de su empresa y del sector. En otras palabras, su empresa debe separarse positivamente de sus competidores o perecer.

3: Reactivar antiguos clientes potenciales.

Con un mínimo esfuerzo de ventas, es posible convertir antiguos clientes potenciales en empresas productivas. Muchos clientes potenciales que has abandonado en el pasado pueden resucitar y convertirse si persistes.

En 2007, una investigación de la Escuela de Negocios de Harvard indicó que la mayoría de los vendedores, independientemente del sector, abandonan demasiado pronto. El 75% de las ventas a empresas o clientes se realizan en la quinta llamada de ventas, y el 25% de los vendedores realizan más de tres llamadas de ventas!

4. Proporcione un nivel superior de servicio a sus clientes.

Mantener a los clientes existentes en tiempos difíciles es como tener fuego en la mano; por lo tanto, es esencial para la supervivencia y la longevidad de su empresa.

Mantener una cultura de excelencia en el servicio de ventas yendo más allá, satisfaciendo a los clientes y ofreciéndoles más valor por su dinero es un método seguro para preservar el impulso de su organización. Ahora es la oportunidad de ir más allá, lo que puede suponer la diferencia entre simplemente satisfacer a sus clientes y asombrarlos.

5. Planificar y ejecutar un nuevo y audaz plan de marketing.

Para evitar que se produzca una pausa en su negocio, debe comercializar de forma continua y activa durante todo el año y cada semana. No sólo cuando necesite negocio. Un plan de marketing continuo asegura un flujo constante de nuevos clientes potenciales. El marketing realizado hoy inicia un ciclo de ventas que dará lugar a nuevos negocios cuando los necesite dentro de seis meses.

6. Mejorar el valor de sus productos o servicios actuales.

En una época de recesión, los compradores son más conscientes del precio que nunca. Por lo tanto, atienda su preocupación proporcionándoles el mayor valor por su dinero. No es necesario "regalar la tienda" ni ofrecer un grado de servicio excesivo.

Sus clientes verán una pequeña cantidad de esfuerzo o servicio adicional como una ganancia de valor sustancial. Utilizar la tecnología y los medios sociales para estimular la expansión del negocio al tiempo que se mejora el servicio al cliente, la comunicación y el seguimiento.

7: Ser optimista y entusiasta.

Durante las temporadas de baja actividad, debe mantenerse optimista y evitar el desánimo. La gente y los consumidores pueden percibir su depresión si usted está deprimido, lo que puede repercutir negativamente en su negocio interno y externo.

No pierda la esperanza; por el contrario, manténgase entusiasmado, tenga fe en sus empleados, sus productos y sus servicios, y transmita ese espíritu de pasión y fe a sus empleados y consumidores. Recuerde que no está solo porque, en una crisis de mercado, todo el mundo está bajo el mismo paraguas y experimentando las mismas circunstancias que usted.

Busque la asistencia de un entrenador y mentor profesional que pueda ayudarle a abordar sus puntos fuertes y sus carencias, a identificar su motivación interna y a realinear sus esfuerzos con el panorama general.

8: Abstenerse de aplicar las subidas de precios previstas.

Aunque crea que hace tiempo que debería haber subido los precios y que se lo merece, una recesión comercial no es el momento ideal para aplicarla. Ajuste sus precios durante esta pausa temporal para adaptarse a una mayor variedad de clientes.

9. Controle a los individuos negativos e ineptos en su organización.

Las personas negativas pueden perjudicar sus logros incluso en las mejores circunstancias. En circunstancias difíciles, lo último que necesita es un empleado negativo o ineficaz que no comparta sus valores y su cultura corporativa.

Como sólo hace falta un empleado inepto o negativo para frenar a todo un equipo, hay que controlar y manejar estas situaciones con confianza y prontitud y despedir a cualquiera que no "compre" la cultura de su empresa.

En resumen, hay periodos definitorios en cada ciclo empresarial y en la carrera de cada empresario que exigen acciones extraordinarias acordes con el reto que se presenta. Sin embargo, los empresarios tienden a perder de vista el panorama general debido al estrés de los tiempos difíciles.

Asegúrate de que tú y tu equipo recibís el entrenamiento adecuado para centraros en "volver a lo básico" e impulsar a tu equipo al siguiente nivel, en el que todos sean expertos en lo fundamental y en lo básico.

Tenga en cuenta el panorama general mientras desarrolla las mejores tácticas, programas y servicios para aumentar sus ingresos, posicionar su empresa para un éxito continuo y, lo que es más importante, separar verdaderamente su organización de sus competidores en el mercado.

CAPÍTULO 10: CÓMO AUMENTAR LA PERCEPCIÓN DE SU VALOR POR PARTE DE LOS CLIENTES.

En la mente del cliente existe una ecuación matemática que sólo él conoce: la ecuación de las ventajas percibidas y los costes percibidos. La solución de este cálculo se compara con otras compras "similares" o potenciales para determinar un valor. Recuerde que todo esto está en la mente del cliente.

Para observar esta idea en acción, recuerde su última compra importante.

¿Cómo se decidió a comprar este producto en concreto?

¿Investigó?

¿El minorista o el vendedor sólo tenían una marca o un modelo, y usted se "conformó" con él por un sentimiento de urgencia?

¿O es usted un lógico inflexible que no transige hasta conseguir el mejor trato posible?

Aunque no son más que un mero rasgo de la superficie, todas estas preguntas demuestran que nuestras decisiones de compra están influidas por muchas funciones superpuestas y entrelazadas dentro de nosotros mismos, pero que en última instancia dependen de nuestra percepción del valor. Si vemos una ganga, compraremos. Incluso si deseamos o necesitamos el artículo, no lo compraremos si creemos que no tiene un valor justo y no hay sensación de urgencia.

Por desgracia, el valor de su negocio no es el que usted considera que tiene, sino el que perciben sus consumidores.

Si este es el caso, ¿qué medidas debe tomar para asegurarse de que añade valor a los ojos de sus clientes? Puede ser tan fácil como dar otra información o tan complejo como ampliar su horario comercial. Cualquiera que sea la respuesta óptima, se originará a partir de los comentarios de los clientes. No confíe únicamente en los datos demográficos y los estudios de mercado.

Aunque son piezas esenciales de todo el panorama, confiar únicamente en esta información es el camino más fácil. Escuche las quejas de sus clientes a través de encuestas, llamadas de seguimiento, interacciones con el servicio y funciones de divulgación para anticiparse y atender sus necesidades antes de que se conviertan en un problema.

Si consigue que sus clientes perciban el valor de sus productos y servicios, estarán más satisfechos y más dispuestos a hablar a otros de su "excelente trato".

Todo lo que haga por sus clientes debe ir acompañado de un valor inherente. A menos que su producto sea el mejor de su tipo en el mundo, deberá competir con otros que vendan bienes similares. Tal vez uno de ustedes obtenga una ventaja competitiva al ofrecer la mayor selección de estas cosas.

Un competidor puede encontrar una ventaja comercial ofreciendo sólo en determinados mercados. Otros pueden ser capaces de subestimar a la competencia proporcionando el precio más bajo posible. Sin embargo, se descuida una necesidad y un valor: la atención de cada consumidor.

Cuando los clientes muestran interés en su producto o servicio, están, por extensión, mostrando interés en su empresa y en usted. Hay momentos en el marketing por Internet en los que pueden producirse un millón de transacciones sin una sola conexión humana.

Por otro lado, puede recibir cientos de miles o millones de llamadas de clientes confundidos en días en los que la propia tecnología es defectuosa. Al ofrecer un servicio excepcional en esta fase, usted aporta un valor al producto en el que están interesados los compradores, una cualidad que posiblemente nadie más ofrezca.

¿Cuántas veces se ha visto obligado a elegir entre productos comparables con precios equivalentes?

¿Cuál fue el factor decisivo?

El elemento humano puede ser el factor decisivo, aunque cueste unos cuantos dólares más. Recuerde que la mayoría de las personas están dispuestas a pagar un poco más para ser tratadas de forma exclusiva.

Crear una demanda entre los consumidores es el quid de la venta. Usted requiere que requieran sus productos y servicios. Necesita que quieran volver una y otra vez. En los mercados actuales, increíblemente competitivos, tener un producto excelente a un precio razonable es insuficiente. La ventaja vendrá del toque personal tradicional, incluso en el entorno global y digital de hoy en día.

Una vez que haya generado una necesidad imperiosa de los artículos, empiece a añadir valor a sus consumidores tratándolos con un poco más de atención: ¿qué le cuesta decir "buenos días" a una persona que llama, aunque sepa que se va a quejar?

Es totalmente gratuito, pero ¿qué aporta a cambio? Tal vez un cliente que ha llamado para quejarse de un problema menor se vaya con su queja resuelta, con la mercancía en la mano y con un descuento mientras se mantiene fiel.

Ha salvado una venta y casi ha garantizado otra con poco más que un poco de tiempo, un saludo agradable y una reducción del precio de un producto. (Su presupuesto de marketing debería ser lo suficientemente adaptable como para acomodar estas compras a pesar de todo). Esencialmente, no ha gastado nada.

Especialmente cuando todo el marketing, las ventas y otras transacciones se realizan en línea, a veces falta el elemento personal en los negocios.

Incluso un correo electrónico en el que se agradezca a un cliente una transacción pasada y se le invite a un futuro evento de ventas es más que una buena idea; es una obligación.

CAPÍTULO 11: PROMOVER EL "BAJO PRECIO" PERO EL "VALOR" ES ESENCIAL PARA EL ÉXITO.

Aunque un precio bajo suele aumentar el volumen de ventas, si no puede reducir simultáneamente el coste por unidad, perderá beneficios, y (las trompetas) los clientes que atraiga mediante un precio bajo a menudo desertarán cuando un competidor ofrezca un precio aún más bajo. Si desea conservar a su cliente actual, puede optar por promover el "valor añadido".

En realidad, los artículos o servicios de valor añadido suelen tener un precio más alto que los compradores están dispuestos a pagar que los de precio más bajo. Utilice los siguientes ejemplos como inspiración para mejorar la ecuación de valor de su negocio.

Añada valor con un "servicio extra sin coste": El vehículo estaba en el taller sometido a una reparación menor. Al recoger el vehículo, el cliente se alegró al ver que se habían aspirado las alfombras de forma gratuita.

En el volante había una tarjeta de visita que decía: "Siempre aspiramos el interior como parte de nuestro servicio de valor añadido". Al aspirar las alfombras, el taller sacó una sonrisa al cliente sin apenas coste alguno.

Añada valor con rapidez: Arreglos de ropa en el mismo día, envíos en el mismo día, solicitudes de préstamos en cinco minutos y gafas en una hora. Llame cuando esté listo para salir, y su pedido le estará esperando cuando llegue.

Su horno acaba de ser reparado, y el proveedor aporta valor llamando para confirmar que el trabajo se ha realizado correctamente.

Mejore el valor a través de la comunicación: Envíe "consejos útiles" sobre el uso de los productos; diseñe un boletín informativo; dé las gracias a los clientes en los aniversarios de los productos (¡Vaya! ¡La edad de su frigorífico es de diez años! La floristería te recuerda el cumpleaños de tu madre, ¿por qué ibas a ir a otro sitio?

Añada valor con el ambiente: Flores frescas en la zona de bienvenida; baños impecables; música adecuada; embalaje creativo y atractivo, etc. Una menta fue presentada con gracia después de la cena (en lugar de ser arrojada en un "tazón de agarre").

Valor añadido con información adicional: han comprado un equipo y usted les envía un correo electrónico una vez al mes durante años con consejos, otras aplicaciones o formas innovadoras de disfrutar de su inversión (está bien repetir los consejos, pero no con demasiada frecuencia).

La lista de estrategias de valor añadido es ilimitada. Esta semana, le reto a usted y a su equipo a que generen una lista de diez posibles estrategias, seleccionen la más eficaz y la pongan en práctica.

El método más sencillo y perezoso de hacer publicidad es reducir los precios. Es mucho más preferible ganarse a la gente con más valor; le comprarán con gusto si perciben que han recibido más por su dinero.

Con este método, puede crear una satisfacción inmediata del cliente y aumentar significativamente el valor de su producto.

Como comercializador de Internet, usted ha identificado previamente el sector del mercado y la demanda del mismo. Tiene un producto o servicio para el que ha establecido un precio. Está preparado para venderlo.

Pero espera... Le gustaría multiplicar el valor de su producto o servicio muchas veces, pero no quiere que su cliente potencial sienta el pellizco al comprarlo, porque aunque el valor de su producto o servicio se pueda multiplicar muchas veces, el pago por él sigue siendo el mismo!

¡Qué anomalía!

Repite la lectura:

Aunque quiera multiplicar el valor de su servicio o producto por una cantidad significativa, el precio sigue siendo el mismo!

¿Se da cuenta de la distinción?

Déjeme mostrarle un ejemplo.

La idea es "transformar" el valor de su producto o servicio en un "valor virtual del producto o servicio".

Digamos que he escrito un popular libro electrónico titulado "Cómo encontrar a la esposa perfecta" y he puesto un precio a cada ejemplar de 98 dólares. Este es el precio de venta. Este es el precio de venta del ebook o el precio actual en el momento de la venta.

Si en lugar de vender el libro electrónico por 98,00 dólares, desarrollo un sistema de afiliación en el que el posible comprador puede unirse como miembro y recibir 200 puntos de crédito por 98,00 dólares, he añadido rápidamente valor a la inversión de 98,00 dólares del comprador.

Con los 200 puntos de crédito (que adquirió por 98 dólares), puede comprar el popular ebook y le quedarán 102 puntos de crédito para comprar otros productos o servicios de usted.

Observe lo que ocurre inmediatamente:

A cambio de 98 dólares, el cliente potencial ha recibido un mayor valor percibido en puntos de crédito.

Recibe su ebook caliente y un crédito extra que puede utilizar para otras ventas de backend y paga los mismos 98 dólares.

Al realizar esta sencilla acción, usted satisface al cliente y prepara el terreno para futuras compras de backend.

Considera por un momento dónde más se puede aplicar esta noción.

¿Puede integrarse en sus actuales campañas de marketing web? Esta noción tiene aplicaciones ilimitadas en el marketing offline y online y en el mundo real, no virtual.

Sin embargo, cuando se aplica a sus actividades de marketing online, ofrece la flexibilidad de mejorar el valor de sus productos y servicios sin incurrir en más costes. Aumenta los ingresos y produce una satisfacción instantánea de los clientes. ¿Tiene este concepto un lugar en su estrategia de marketing online?

CAPÍTULO 12: CÓMO UN SITIO WEB PUEDE AUMENTAR EL VALOR DE UNA EMPRESA.

Debido al gasto que supone el diseño de un sitio web, una pequeña empresa puede dar poca importancia a su presencia en línea. Después de todo, hay muchos gastos que pueden parecer de mayor importancia.

Entre las prioridades están el inventario, el equipamiento, la papelería y la publicidad, pero sin un sitio web, la empresa se está perdiendo un porcentaje creciente de clientes que realizan búsquedas de productos y servicios en Internet.

Hay muchas formas de captar nuevos clientes, como las guías telefónicas impresas, la distribución de folletos, los anuncios en periódicos y revistas, las referencias de clientes existentes, la distribución de tarjetas de visita, las búsquedas en Internet y la publicidad en línea.

Un sitio web puede ayudar a una pequeña empresa a captar nuevos clientes y aumentar los ingresos por ventas. A medida que aumenta el número de hogares con acceso a Internet, disminuye la demanda de directorios comerciales impresos. Personas de todas las edades realizan ahora búsquedas en línea cuando intentan comprar un artículo o contratar a una persona.

Antes de realizar una compra, a muchos usuarios de ordenadores les gusta investigar en Internet. Un sitio web puede contener mucha más información de la que podría transmitirse en un breve anuncio impreso. El sitio web de una empresa puede incluir información sobre el producto, los precios, las especificaciones técnicas, la disponibilidad de existencias, las opciones de entrega y las opiniones de los clientes.

Además de la información sobre productos y servicios, otros elementos del sitio web pueden incitar a los visitantes a ponerse en contacto con la empresa. Un formulario de contacto con el cliente permite a cualquier persona introducir su dirección de correo electrónico, número de teléfono y datos de consulta los siete días de la semana y las 24 horas del día. Esto es de gran utilidad para personas ocupadas que pueden estar en línea a altas horas de la noche cuando las consultas telefónicas no están disponibles. Un mapa de situación ayudará a los clientes a localizar los establecimientos comerciales.

Rotulación de vehículos, tarjetas de visita, papelería impresa y anuncios en el periódico. Debido al valor adicional de tener un sitio web, la URL puede colocarse en todos los materiales publicitarios. Esto anima a los posibles clientes a visitar el sitio web, hacer un pedido en línea u obtener información suficiente para preguntar.

Después de decidir que un sitio web es un buen concepto, una empresa podría evaluar si tiene la experiencia, las habilidades y el tiempo para construir sus páginas web. Si no es así, debería ponerse en contacto con un diseñador web y plantear las siguientes preguntas:

- ¿Existe el nombre de dominio deseado?

- ¿Cuáles son sus tarifas? Puede haber un precio fijo por página, tasas anuales de registro del dominio y tasas mensuales de alojamiento y administración.

- ¿Se optimizarán las páginas web para los motores de búsqueda y, si es así, hay otro coste?

- ¿Qué opciones hay para actualizar las páginas web?

- ¿Qué número de direcciones de correo electrónico se incluye?

- ¿Se incluirá un mapa de la zona?

- ¿Se incluirá un formulario para las consultas de los clientes?

- ¿Cuántas fotos se permiten?

Considerar lo que se requiere en un sitio web empresarial ayudará a comparar los precios de los diseñadores web y ayudará a una empresa a maximizar los beneficios de su presencia en Internet.

CAPÍTULO 13: ESTRATEGIA Y ORIENTACIÓN AL CLIENTE.

El éxito de las empresas debe comenzar y concluir con el consumidor. El excedente del cliente es la diferencia entre lo que un cliente paga por un producto y lo que pagaría por él o el "valor" del producto.

En sus esfuerzos por hacer crecer sus negocios, las organizaciones tienen dificultades para persuadir a los clientes de que elijan sus productos en lugar de los de la competencia, de que compren más de un producto si ya lo están usando y de que prueben un nuevo producto.

Fundamentalmente, los clientes compran cuando creen que el precio es razonable para el valor del producto. La estrategia empresarial se ocupa en gran medida de crear valor para la empresa, lo que es imposible sin crear valor para el cliente.

La estrategia y una propuesta de valor "atractiva" deben girar en torno a las necesidades del cliente. Una propuesta de valor atractiva puede ser más competitiva que la que reciben ahora de un rival y/o algo totalmente nuevo donde no hay competencia.

El plan más eficaz no es necesariamente el que permite derrotar al rival. También puede ser el que permita a la empresa evitar la competencia directa y ofrecer un valor superior al consumidor.

Una estrategia para crear un valor superior debe ser un proceso de dos pasos, que comienza con la formulación de una propuesta de valor superior basada en un conocimiento profundo de las necesidades del consumidor. El segundo paso es construir un mecanismo de entrega de la propuesta de valor eficaz y eficiente.

Poniendo al cliente en primer lugar, se formula una estrategia ganadora haciendo preguntas sobre los deseos del consumidor e intentando descubrir las verdaderas motivaciones, objetivos y requisitos que los clientes buscan satisfacer cuando compran productos y servicios. Las mejores ofertas de productos/servicios son aquellas en las que el cliente ve un buen valor por el precio pagado, y la organización puede lograr su margen de beneficio deseado.

La creación de valor para el cliente es lo primero, seguido de una respuesta competitiva. Dondequiera que haya una oportunidad de obtener beneficios, aparecerán los competidores. Además de centrarse en el consumidor, una estrategia ganadora debe abordar las actividades de la empresa para contrarrestar las posibles respuestas de la competencia y la posición de mercado que adoptará.

A menudo, el tema de la estrategia se presenta como un sistema de gestión integrador centrado en la elaboración de presupuestos, declaraciones de visión e indicadores de rendimiento. Sin embargo, si la empresa no mantiene el enfoque en el cliente y el mercado, todas las hojas de trabajo y los PowerPoints no conducirán al éxito.

"Valor añadido: ese pequeño extra que marca la diferencia.

¿Qué vende?

¿Es usted el único vendedor de este producto?

¿Por qué debería comprárselo a usted en lugar de a otra persona?

En serio. ¿Por qué la gente le compra a usted en lugar de a otro que ofrece el mismo producto? Si todos los demás factores son iguales, la respuesta es el precio, y cuando se compite por el precio, nadie gana.

Si bajas tu precio para competir con un rival, es probable que él haga lo mismo, y te tocará a ti. Se trata de un círculo vicioso en el que nadie gana, ni siquiera el consumidor, ya que para reducir sus precios para competir, probablemente tendrá que reducir la calidad de su servicio.

La solución al problema es desarrollar un "servicio de valor añadido" que te diferencie de la competencia.

¿Ofrece una garantía?

¿Realizan entregas?

¿Venden pedidos repetidos (en menor cantidad) al mismo precio que el pedido inicial?

¿Ofrecen envío gratuito?

¿Se incluyen las patatas fritas con la comida?

¿Compensan a los clientes fieles por su fidelidad?

¿Tiene una "tarjeta de comprador frecuente?"

Encuentre una forma de distinguirse de los competidores y será recompensado con creces.

Un socio del sector de los suelos se llevaba todos los años de vacaciones a sus clientes más importantes. Cuando me informó del plan, le pregunté cómo podía permitirse hacer algo tan extremo. Me contestó que sus clientes "están dispuestos a gastar más porque saben que se van a llevar un viaje."

¿Cuál es su propuesta única de venta?

Siempre tengo en cuenta los precios del transporte, el envío y los gastos de gestión cuando hago un pedido por Internet. Algunas empresas, por la razón que sea, exigen entre 5 y 10 dólares más en concepto de "gastos de gestión". Gestionan el asunto de forma diferente a su competencia (que sólo cobra el envío).

Empieza por no intentar cobrarme hasta la muerte si quieres "gestionar" mi dinero (y el de decenas de miles de otros consumidores frugales). Si quiere diferenciarse, ofrecer el envío gratuito es un comienzo sencillo.

¿Y qué hay de sus clientes habituales?

¿Tiene algún plan especial para ellos?

¿Les está proporcionando un motivo de "Oh, lo echaría de menos si no pudiera encontrar a otro que." para quedarse con usted? Si no es así, busque una.

¿Envía tarjetas de Navidad a sus clientes?

¿Y tarjetas de cumpleaños?

Pues bien, ¡todo el mundo lo hace! ¿Envías tarjetas de felicitación del Día de la Marmota a tus clientes? ¿No? Le aseguro que si recibieran una tarjeta de felicitación del Día de la Marmota, la recordarían, ¿y no es eso lo que desea?

Encuentre una forma de ofrecer valor a su producto o servicio; no sólo se diferenciará de la competencia, sino que también dará a la gente un motivo para comprarle!

CAPÍTULO 14: FORMAS DE MEJORAR LA EXPERIENCIA DE SUS CLIENTES.

En la actualidad, las cadenas de restaurantes son similares en muchos aspectos, desde la comida que sirven hasta las técnicas de marketing que emplean para atraer a más consumidores. Algunas hacen hincapié en su comida, mientras que otras concentran sus estrategias de marketing en ofrecer un servicio al cliente superior.

El servicio básico al cliente es un factor que muchas empresas de alimentación pasan por alto. Creen que los clientes seguirán volviendo y pasarán por alto su servicio si ofrecen una buena cocina.

Los clientes educados que conocen sus derechos fundamentales y quieren el mayor valor por su dinero no pasan por alto consideraciones tan simples. Denominados simplemente servicios "extra mile", estos pequeños gestos dejan a los consumidores satisfechos y contentos.

La atención del personal es otro factor que anima a los clientes a volver. Mientras algunos comensales se toman su tiempo para decidir el menú, otros prefieren recibir recomendaciones útiles, como las especialidades del restaurante, los favoritos de siempre y otros. A algunos consumidores les gusta la atención tranquila, mientras que otros desean una atención viva y amable.

Aunque lo normal en un restaurante es que alguien reciba a los clientes en la puerta principal, abrirles las puertas y conducirles a una mesa vacía les impresionará. Sin embargo, ofrecerles un lugar perfecto en el comedor, como una impresionante vista de la puesta de sol, les hará sentirse aún más especiales.

Mientras se espera la comida principal, ofrecer aperitivos de cortesía demuestra que los propietarios de los restaurantes están interesados en maximizar las ganancias y establecer una conexión agradable y mutuamente beneficiosa con sus clientes. Un modesto plato de pan de ajo o almendras y similares no perjudica la cartera del empresario, y las sonrisas que se dibujan en las caras de los niños no tienen parangón ni precio.

Los gerentes o propietarios de los restaurantes se relacionan de vez en cuando con los clientes habituales y se dirigen a ellos por su nombre, lo que fomenta una relación más cálida y personal que no se centra únicamente en una relación rentable entre el cliente y el negocio.

La atención a sus demandas es el factor esencial, ya que los clientes tienen una amplia gama de deseos que alguien con un gran ojo para los detalles minúsculos sólo puede percibir.

Los clientes tienen diferentes estados de ánimo y actitudes, preferencias y manías. Aun así, un conocimiento básico de la atención al cliente y de los distintos tipos de clientes servirá de guía a los propietarios de restaurantes, a los gerentes y a todo el equipo para tratar con ellos de la forma más eficaz y en el momento más adecuado.

Elija sólo los mejores suministros para restaurantes, ya que cenar debe ser siempre una fiesta para la lengua y los ojos. Los suministros y equipos para restaurantes de primera clase son accesibles en línea, los siete días de la semana y las 24 horas del día, por lo que no tiene que ir muy lejos para satisfacer las necesidades de su restaurante.

¿Cómo puede aumentar su valor?

1. Sea específico con respecto a su oferta.

Antes de aportar otros valores, debes ser consciente de tu valor y de tus talentos y dones naturales. Responde a estas preguntas. "¿Qué esperan mis clientes ideales de trabajar conmigo?" "¿En qué se distinguen mi personalidad, mi propósito y mis habilidades?"

¿Cómo puedo aprovechar eficazmente mis puntos fuertes para ofrecer los beneficios deseados por mis clientes ideales?

2. Sea brillante donde esté.

Utilice sus habilidades especiales para transmitir las recompensas que los clientes desean. Si es inspirador, sea inspirador. Si eres específico, sé específico y dales lo que desean. Los clientes le compran a usted como parte de un paquete, así que sea auténticamente seguro. Lo adorarán.

3. Ver el futuro.

Pregunte a los clientes potenciales sobre sus deseos. Participe en su visión. Una vez que haya determinado que se trata de un ajuste adecuado, explique por qué usted es un candidato ideal. Píntales una imagen de lo que observas. Emociónate con la posibilidad de colaborar y co-crear su sueño. Si te aburren, remítelos a otra persona.

4. Dona más de lo que recibe.

Añade otro valor por el puro placer de dar. Supera siempre el valor acordado. Proporcione información, herramientas, recursos y recomendaciones. Conviértase en un recurso para sus clientes y clientes potenciales. Ellos cantarán sus alabanzas.

5. Sé feliz.

Siempre y sólo, ¡Disfruta de ti mismo! La alegría es contagiosa, y a los clientes les gusta la compañía de personas felices y entusiastas. Recuerda que cuanto más valor aportes al mundo, más recibirás a cambio.

Cuando todos donen de corazón, el mundo se transformará.

Crea riqueza para los demás siendo simplemente (y efectivamente) tú mismo.

CAPÍTULO 15: CONSEJOS PARA AÑADIR VALOR A SUS CLIENTES.

Puede aportar otro valor si crea un negocio y quiere atraer a más clientes. En lugar de centrarse en lo que desea de los clientes actuales y potenciales, haga hincapié en el valor que puede ofrecerles.

Cuando las mujeres visitan el mostrador de cosméticos de unos grandes almacenes o se hacen un tratamiento facial, les encanta recibir pequeñas muestras de artículos. Lo mismo ocurre con sus clientes. Les gusta recibir pequeñas "muestras" o extras. Les ayuda a sentirse especiales y apreciados.

¿Qué artículos sencillos, agradables y fáciles de crear podría regalar a sus clientes que tuvieran un impacto significativo? Las posibilidades son ilimitadas si utiliza su imaginación. Algunos ejemplos son un boletín informativo, un artículo o una lista de consejos, una lista de comprobación o un cuestionario, una pequeña cantidad de tiempo adicional, una recomendación, una invitación a su seminario, un marcador o un diario hecho a mano.

Boletines, artículos y consejos.

Creo que los boletines informativos son el método más eficaz para establecer relaciones con posibles clientes. Con el tiempo, las personas llegan a conocerle, gustarle y confiar en usted y están dispuestas a hacer negocios con usted.

Según los expertos en marketing, la gente debe ver u oír su nombre o sus servicios al menos siete veces antes de estar dispuesta a comprarle. Un boletín de noticias es una forma estupenda de mantener el contacto y aportar valor simultáneamente.

Los boletines por correo electrónico están muy extendidos y, con la tecnología actual, son sencillos y baratos. No es necesario que escriba un artículo extenso; puede empezar con una simple lista de sugerencias.

Listas de control y cuestionarios.

Crear listas de comprobación y cuestionarios personalizados para mis clientes ha sido un placer. La gente disfruta haciendo cuestionarios de 20 preguntas con respuestas de "sí/no" o "en una escala de uno a diez". Son fáciles de crear para tus clientes, que encontrarán un gran valor en ellos.

Pregúntese: "¿Cuáles son las diez principales cosas que quieren mis clientes y cuáles son los diez principales problemas a los que se enfrentan?". Cree una lista que combine las necesidades y los obstáculos y tenga una evaluación sencilla y personalizada.

Dependiendo de tu cliente, el título podría ser "¿Estás tan sano como podrías estarlo?" o "¿Está tu vida en armonía?". O "¿Posees las cualidades de un empresario de éxito?". Usted tiene el concepto.

Tiempo extra.

Ofrezca a un cliente con dificultades excepcionales otros 10 o 15 minutos de su tiempo. Infórmele de que le va a conceder otro tiempo para que no lo espere cada vez, o compruebe con él por teléfono o correo electrónico entre sesiones para determinar su progreso.

Apreciarán mucho tu interés, y no requerirá mucho de tu tiempo. Además, es estupendo ofrecerles un poco de tiempo extra, un correo electrónico o una nota escrita a mano para celebrar su éxito.

Recomendación a su red.

Su estrategia de marketing para hacer crecer su negocio debe incluir la ampliación de su red y su base de datos. Puede aprovechar su red actuando como recurso para sus clientes y remitiéndolos a personas que presten los servicios que necesitan. Su cliente puede mencionar que necesita un buen contable o que le duele la espalda después de jugar al tenis y busca un buen quiropráctico.

Esta es su oportunidad de recomendar a los profesionales que conoce. Su cliente valorará mucho el hecho de que usted tenga una amplia red de contactos personales. Es aconsejable proporcionar varios nombres para que puedan elegir con quién trabajar de forma independiente.

Una solicitud para asistir a su seminario.

Invite a los clientes a sus seminarios y talleres de forma gratuita o a un precio reducido. Informe a los clientes de que serán los primeros en enterarse de sus próximas charlas y seminarios. La gente se sentirá como si estuviera en su "círculo íntimo" si es la primera en enterarse.

Ofrézcales un incentivo o una cuota de recomendación por traer a un amigo o colega, como un 20% de descuento por cada persona que recomienden y se inscriba. Si traen a cinco invitados, reciben una entrada gratuita. Esto les proporciona un incentivo y les ayuda a llenar su taller. Podría ser el mejor dinero que jamás gastará en la publicidad de su negocio, y es gratis.

Se sentirá mejor al proporcionar constantemente otro valor a sus clientes, y su negocio crecerá rápidamente!

CONCLUSIÓN.

Crear un valor excepcional para el cliente es esencial para determinar el éxito de una empresa. No importa cuánto cobre, sus consumidores quieren sentir que están recibiendo el mejor valor por su tiempo y dinero. Más aún, quieren creer que los obsequios que usted les proporciona tienen un valor excepcional.

Al mejorar el valor de sus productos y servicios, puede aumentar simultáneamente los precios que cobra por ellos y sus ganancias. He aquí algunas sugerencias para establecer y mejorar el valor para el cliente de sus productos y servicios:

Supere siempre las expectativas de sus clientes: Si supera las expectativas normales de sus clientes, mejorará significativamente el valor que perciben que les ha proporcionado. Cuanto más valiosos le consideren a usted y a su empresa, mayor será la calidad de la información o el trabajo que les suministre.

No sea como los demás: sea único. Muchos mercados están sobresaturados de productos y servicios idénticos con poca o ninguna diferenciación de la competencia.

Hay muchas maneras de diferenciarse de sus competidores. Puede empaquetar sus productos de forma diferente a los de la competencia. Puede diseñar una estrategia de ventas que no sea la misma que la de los demás.

Hay muchas maneras de distinguirse del rebaño. Puede diseñar los productos de información de forma que parezcan diferentes a los de sus competidores. Puede asegurarse de que su sistema de ventas sea sencillo y fácil de usar.

Un número desproporcionado de empresas de todos los ámbitos no se preocupan por el servicio al cliente. Mientras usted haya comprado su producto, no les interesa saber si ha tenido o no una experiencia positiva con su empresa.

A los clientes les gusta hacer negocios con empresas que ofrecen un servicio de atención al cliente superior. La buena noticia es que usted puede beneficiarse de ello. Le permite ofrecer el excelente servicio de atención al cliente que le falta. Puede aumentar considerablemente el valor percibido de sus productos y servicios en la mente de sus clientes. Proporcione siempre, siempre, un excelente servicio de atención al cliente.

Establecer relaciones es la esencia de los negocios. Sus clientes y los clientes valoran las relaciones a largo plazo. Al hacerlo, su empresa se convierte en algo más que un lugar de compra de productos. Te conviertes en un valioso amigo y consejero al que pueden dirigirse con preguntas y problemas. Si proporciona esto de forma constante, tendrá clientes fieles de por vida.

Añada valor adicional: Esto parece evidente a tenor del título del artículo. Si usted y su competidor ofrecen el mismo producto al mismo precio, debe preguntarse por qué un cliente decidiría comprarle a usted y no a su competidor.

A menos que usted añada más valor a la transacción, como un servicio posventa superior o plazos de devolución más largos que los de sus competidores, el cliente no verá a su empresa de forma diferente a las demás.

Ofrecer un valor excepcional al cliente distinguirá a su empresa de la competencia. Hoy en día, la competencia es dura y brutal, y debe ofrecer todas las ventajas posibles para ganar en su sector.

Habilidades de gestión para directivos.

1. Gestión del tiempo para directivos
2. Coaching de empleados para directivos
3. Creación de equipos para directivos
4. Confianza en sí mismo para directivos
5. Habilidades de negociación para directivos
6. Habilidades de atención al cliente para directivos
7. Asertividad para directivos
8. Etiqueta empresarial para directivos
9. Habilidades de escucha para directivos
10. Habilidades de liderazgo para directivos
11. Habilidades de comunicación para directivos
12. Habilidades de presentación para directivos
13. Gestión del estrés para directivos
14. Toma de decisiones para directivos
15. Gestión de conflictos para directivos.

Serie: Libertad financiera a cualquier edad.

- Lograr la libertad financiera a los 20 años
- Conseguir la libertad financiera a los 30 años
- Conseguir la libertad financiera a los 40 años
- Conseguir la libertad financiera a los 50 años
- Conseguir la libertad financiera a los 60 años
- Alcanzar la libertad financiera a los 70 años y más.
- Conseguir la libertad financiera en los niños
- Lograr la libertad financiera en los adolescentes
- Lograr la Libertad Financiera en los estudiantes universitarios.
- Estafas financieras a tener en cuenta en la jubilación.

Serie: Finanzas personales para usted.
- ➢ Compra y venta de criptomonedas para principiantes
- ➢ Por qué tiene sentido invertir en acciones de dividendos.

Serie: Riqueza 2022.

- ➢ Emprendimiento en línea.
- ➢ Empezar su propio negocio
- ➢ Gestión de la riqueza
- ➢ Ingresos pasivos.
- ➢ 12 pasos para iniciar su propio negocio.

Serie: Excelente servicio de atención al cliente.

- ➢ Excelente servicio de atención al cliente en el comercio minorista
- ➢ Excelente servicio de atención al cliente en comida rápida
- ➢ Servicio de atención al cliente excelente en restaurantes de servicio completo
- ➢ Excelente Servicio al Cliente en la Enseñanza
- ➢ Excelente servicio de atención al cliente en el sector inmobiliario

- Excelente Servicio de Atención al Cliente en un Centro de Llamadas
- Excelente Servicio de Atención al Cliente como Recepcionista
- Excelente Servicio al Cliente en un Hotel
- Excelente Atención al Cliente en la Venta
- Excelente Atención al Cliente sin importar la situación
- Excelente Atención al Cliente en Consultorio Dental
- Excelente Atención al Cliente en Consultorio Médico.

Serie: Dinero rápido.

- Dinero rápido en una semana
- Dinero rápido en un fin de semana
- Dinero rápido en un mes
- Dinero rápido para estudiantes.

Serie: Cómo promocionar.

- Cómo promocionar su libro de recetas
- Cómo promocionar su libro infantil.

Otros libros de D.K. Hawkins.

- Cómo hacer que su negocio prospere durante una recesión
- Cómo crear plusvalía para los clientes

- Cómo reconocer las oportunidades para aumentar el flujo de caja.

Biografía del autor

D.K. Hawkins A D.K. le gusta leer libros de negocios personales, así como pasar tiempo al aire libre. Más libros vendrán en esta colección, así que por favor siga en Amazon para más libros.

Gracias por su compra de este libro.

Honestamente lo aprecio y te aprecio a ti, mi excelente cliente.

Que Dios le bendiga.

D.K. Hawkins.

www.ingramcontent.com/pod-product-compliance
Lightning Source LLC
Chambersburg PA
CBHW050005230526
45465CB00003BB/1272